66 Ausflugs-Tipps

Frankens westliche Hälfte und ihr hohenlohe-württembergischer „Saum" sind ein reich gesegnetes Land.

Bekanntes und Unbekanntes für Sie entdeckt

Harmonie liegt im Gleichmaß der sanft geschwungenen Hügel, in die Tauber und Jagst, Main, Regnitz und andere **Flüsse und Bäche** helle Bänder ziehen. Hier und da scheint die Zeit stehen geblieben zu sein und sich in den Balken des Fachwerks verkrochen zu haben, um Sagen, Geschichte und Geschichten zu bewahren.

In diesem Landstrich kommen auch leibliche Genüsse nicht zu kurz. Die **Weinkultur** hat in Mainfranken schon zu Goethes Zeiten beste Weine hervorgebracht – und viele junge Winzer experimentieren heute mit alten regionalen Sorten. Wer dazu etwas **Deftiges** braucht, wird in der fränkischen Küche ebenfalls fündig.

Kunstfreunde finden hier ein Paradies vor: Da wären z. B. die Würzburger Residenz, ein Meisterstück Balthasar Neumanns, oder die Feste Marienberg, die mehrere Jahrhunderte der Hofhaltung der Fürstbischöfe diente. Als Inbegriff eines romantischen mittelalterlichen Stadtbildes präsentiert sich Rothenburg ob der Tauber.

Ein Besuch **Nürnbergs** wird zum Gang durch die deutsche Geschichte. Kaiser Heinrich III. ließ um 1050 auf einem Felsvorsprung oberhalb der Pegnitz eine Burg errichten. Danach entwickelte sich Nürnberg über Jahrhunderte zum mächtigen Handelsplatz. Hier wirkten der Dichter Hans Sachs, der Bildhauer Veit Stoß und der Maler Albrecht Dürer. Im 19. Jahrhundert stand Nürnberg im Mittelpunkt eines Großereignisses: Ab 1835 verkehrte die **erste deutsche Eisenbahn** von Nürnberg nach Fürth. Die einstige Freie Reichsstadt hat sich viele Namen und Attribute erworben: Meistersingerstadt, Dürerstadt, Stadt des Spielzeugs und des Weihnachtsmarktes. Und so ist Nürnberg heute ein faszinierendes Ziel für die ganze Familie.

66 Ausflugs-Tipps

 Kultur

 Mit Kindern

 Natur

 Bei Regenwetter

Quickfinder

Wasser-Erlebnisse		Burgen & Schlösser
Tier-Erlebnisse		Museen

🏛	🌲	🧑‍🤝‍🧑	💧	〰	🐾	🏰	🏠
🏛		🧑‍🤝‍🧑				🏰	
	🌲	🧑‍🤝‍🧑					
🏛		🧑‍🤝‍🧑	💧			🏰	🏠
	🌲						
	🌲	🧑‍🤝‍🧑		〰			
🏛			💧				
🏛						🏰	
🏛		🧑‍🤝‍🧑					
	🌲	🧑‍🤝‍🧑					
🏛		🧑‍🤝‍🧑					
		🧑‍🤝‍🧑	💧	〰			
	🌲	🧑‍🤝‍🧑			🐾		
🏛			💧				🏠
🏛			💧			🏰	🏠
🏛			💧				
🏛				〰			🏠
🏛			💧				
	🌲	🧑‍🤝‍🧑			🐾		
🏛		🧑‍🤝‍🧑	💧				🏠
		🧑‍🤝‍🧑	💧	〰			
🏛		🧑‍🤝‍🧑					🏠
🏛		🧑‍🤝‍🧑	💧				🏠
	🌲						
		🧑‍🤝‍🧑		〰	🐾		
🏛	🌲						
		🧑‍🤝‍🧑	💧	〰			
		🧑‍🤝‍🧑					
	🌲	🧑‍🤝‍🧑		〰			
	🌲						

🏛️	🌲	👫	💧	〰️	🐾	🏰	🏠
🏛️							
🏛️							🏠
🏛️		👫	💧				🏠
	🌲	👫					
	🌲	👫					
🏛️	🌲	👫					🏠
	🌲						
		👫	💧	〰️			
	🌲	👫					
	🌲						
	🌲	👫					
🏛️		👫		〰️			🏠
🏛️						🏰	
🏛️		👫				🏰	
🏛️	🌲					🏰	🏠
🏛️							🏠
🏛️		👫		〰️			🏠
	🌲	👫					
		👫		〰️	🐾		
🏛️	🌲	👫		〰️			
	🌲	👫					
	🌲	👫					
	🌲	👫			🐾		
		👫	💧	〰️			
🏛️			💧				🏠
🏛️			💧			🏰	🏠
🏛️		👫	💧				🏠
🏛️		👫					
🏛️		👫	💧				🏠
		👫	💧				
	🌲	👫					
		👫	💧		🐾		
	🌲	👫			🐾		
		👫	💧	〰️			
	🌲	👫			🐾		
		👫	💧				
🏛️	🌲					🏰	🏠

Einkaufen, einkehren, erleben

Blick auf das Barockschloss

VEITSHÖCHHEIM

1 SCHLOSS VEITSHÖCHHEIM

▶ **Barocke Pracht hautnah erleben**

Die ehemalige Sommerresidenz der Würzburger Bischöfe entstand um 1680, ihr repräsentatives Aussehen erhielt sie 1753 durch Balthasar Neumann. Heute wird das Kleinod barocker Baukunst für Konzerte und Feiern genutzt; zudem sind in den Innenräumen Ausstellungen zu besichtigen. Der zum Schloss gehörige „Zier-, Lust-, Obst-, Blumen- und Küchengarten" wurde Mitte des 18. Jahrhunderts so umgestaltet, dass noch heute von einem der schönsten Rokokogärten Europas gesprochen werden kann: Die Parkanlage ist geprägt von Figurenschmuck, Laubengängen und Wasserspielen.

Besonders toll für Kinder ist die **INSIDER TIPP** Audioguide-Führung in Form eines spannenden Hörspiels, in dem die Stimmen liebevoll gestalteter Marionetten von Fürstbischof, Hofbildhauer, Hofgärtner und dessen Sohn leicht verständlich verschiedene Stationen der Gartenausstellung erklären und ganz nebenbei Wissen über den Alltag im 18. Jh. vermitteln. Diese „Hauptpersonen" sind zudem in Schaukästen zu sehen. Für junge Besucher, die alles genau betrachten möchten, stehen vielerorts Hocker bereit – so kommen auch kleine Leute nah an die Exponate heran.

Würzburg und der Flugplatz Am Schenkenturm aus der Vogelperspektive

Ausflugs-Tipps

> *Schloss und Hofgarten Veitshöchheim,
Echterstr. 10, www.schloesser.bayern.de*
> *April-Okt. Di.-So. 9-18 Uhr;
Führungen: 10-17 Uhr stündlich*

■ WÜRZBURG ■

2 RUNDFLUG

▶ Das Panorama genießen

Einen Überblick über Würzburg und dessen Umland können sich Mutige im Rahmen eines Rundflugs mit den Maschinen des hiesigen Flugsport-Clubs verschaffen. In die Luft geht es bei schönem Wetter auf dem Flugplatz Am Schenkenturm mit Motor-, Ultraleicht-, Segel- oder Motorsegelfliegern (Voranmeldung erforderlich). Aus der Vogelperspektive sieht die Welt ganz anders aus – ein einmaliges Erlebnis! Auch für Flugzeugbegeisterte, die lieber am Boden bleiben, bietet der Verein das Richtige: An sonnigen Wochenenden und Feiertagen können sie auf dem Fluggelände in Uengershausen (15 km von Würzburg entfernt) den Aktiven der Modellflugabteilung zusehen.

> *Flugplatz Am Schenkenturm,
www.edfw.de*
> *Modellfluggelände Reichenberg-Uengershausen, www.modellflug-fscw.de*

3 MAINFRÄNKISCHES MUSEUM

▶ In der Schatzkammer stöbern

Die Festung Marienberg der Würzburger Bischöfe beherbergt das Mainfränkische Museum, die Schatzkammer Frankens. Die Begegnung mit Werken Tilman Riemenschneiders wird Kunstfans gefallen: Dem Meister und seinen Arbeiten ist ein

Für die ganze Familie: Festung Marienberg

ganzer Saal gewidmet. Hier ist man von seinen Madonnen, Engeln und Heiligen umgeben und von seiner 1493 geschaffenen Figurengruppe „Adam und Eva", die das Schönheitsideal der Spätgotik zeigt. Auch Kinder werden sich nicht langweilen: Das Museum stellt auf Wunsch einen „Familienkoffer" mit kindgerechten Informationen zur Verfügung. Wer seinen Besuch länger im Voraus planen kann, hat die Möglichkeit, eine spannende Sonderführung zu buchen. Da wären etwa die „Kuriosen Geschichten", bei denen die Tourteilnehmer nach jeder erzählten Unglaublichkeit Farbe bekennen müssen, ob sie die Geschichte nun für wahr oder falsch halten, oder aber die Kinderführung „Festung und Ritter", bei der der Nachwuchs sogar eine Ritterrüstung bzw. ein Burgfräuleinkostüm anprobieren darf. Besuchen Sie anschließend auch den Rundbau der Marienkirche. Im Brunnenhaus nebenan wird seit der Renaissance (Tauf-)Wasser aus 105 m Tiefe geholt.

> *Mainfränkisches Museum Festung Marienberg, Oberer Burgweg,
www.mainfraenkisches-museum.de*
> *April-Okt. Di.-So. 10-17, Nov.-März Di.-So. 10-16 Uhr*

Ausblick vom Weinwanderweg „Schlossberg und Leiste"

WÜRZBURG

**4 WEINWANDERWEG
„SCHLOSSBERG UND LEISTE"**

▶ Dem Weinbau auf der Spur

Die Festung Marienberg ist von Würzburg aus ein imposanter Anblick – aber manchmal lohnt sich ein Perspektivenwechsel: Hin führt nämlich der sonnenbeschienene Weinwanderweg „Schlossberg und Leiste". Er beginnt an der Kirche St. Burkard und endet am Parkplatz der Festung.

Unterwegs informieren Schautafeln über Geschichte, Kultur, Natur und Weinbau. Auf einer eigens ausgewiesenen Fläche können Sie sich ansehen, wie früher Weinbau betrieben wurde. Der insgesamt 4 km lange Wanderweg führt durch die Weingüter des Julius- und Bürgerspitals sowie des Staatsweinguts Würzburg,

vorbei am Maschikuliturm und um die Festung herum. Nach der Wanderung sind Sie zur Weinprobe aus den Reblagen Schlossberg und Innere Leiste ins „Haus des Frankenweins" geladen, beim Alten Kranen unten am Main – die guten Tropfen schmecken herrlich mit Festungsblick und Spezialitäten aus der fränkischen Küche.
> *www.wuerzburg.de*

5 WEISSE FLOTTE AUF DEM MAIN

▶ Ahoi – auf zur Flussschifffahrt!

Fahrten mit dem Ausflugsboot sind schon lange eine beliebte Möglichkeit, vom Main aus ein Stück „Romantische Straße" kennenzulernen. Die Schiffe der „Weißen Flotte" fahren z. B. durch drei Schleusen, vorbei an den Weinorten Sommerhausen, Eibelstadt und Randersacker nach

Würzburg. Neben dem „Klassiker" – einer Ausflugsfahrt von Würzburg nach Veitshöchheim und zurück – stehen reizvolle Sonderfahrten auf dem Programm. Auf der einstündigen Schleusenfahrt etwa erlebt man, wie Staustufen überwunden werden, und eine Abendfahrt vorbei an den Lichtern des Ufers und den Weinbergen ist eine romantische Tour. Feinschmecker können eine der Fahrten mit Büfett buchen, etwa die Schlemmer-Rundfahrt mit fränkischer Küche oder die Karibische Rundfahrt, bei der u. a. Fisch in Kokossauce aufgetischt wird. Machen Sie es sich an Bord bequem und lassen Sie die mainfränkische Landschaft gemächlich an sich vorüberziehen!
> *www.schiffstouristik.de*

6 **MEDITATION UND FÜHRUNG IM DOM**

▶ Innehalten und zu sich selbst finden
Der 1187 geweihte romanische Dom St. Kilian mit seinen schönen Innenräumen und der imposanten Doppelturmfassade ist unbedingt eine Besichtigung wert.

Wunderschön: der Würzburger Dom

Ein Schiff der „Weißen Flotte" auf dem Main

Wer mag, kann sich im Vorfeld einen Audioguide für das eigene Smartphone besorgen. Wer hingegen lieber live von der Geschichte und der künstlerischen Gestaltung der Kirche hören möchte, kann sich der öffentlichen Führung um 12.30 Uhr anschließen. Es lohnt sich, etwas früher da zu sein, denn der Tour geht jeweils die **INSIDER TIPP ▶** Mittagsmeditation „5 vor 12" voraus: Mit einem kurzen Text, umrahmt von Orgelspiel, laden Sprecher zum Innehalten im Alltag ein. Ergänzt werden kann der Dombesuch mit einer Stippvisite im Museum am Dom, wo ein Kinderprogramm geboten wird – der Nachwuchs wird u. a. mit Puzzles und Spielen altersgerecht an die Domkunstwerke herangeführt.
> *www.dom-wuerzburg.de*
> *Führungen: Di. nach Ostern–Ende Okt. tgl. 12.30, Meditation: 12.05–12.20 Uhr*

UNESCO-Welterbe: Würzburger Residenz

WÜRZBURG

7 RESIDENZ UND HOFGARTEN

▶ **Fantastische Architektur bestaunen**

Ein wenig geringschätzig hat Napoleon die Würzburger Residenz den „größten Pfarrhof Europas" genannt, und eines der monumentalsten Bauwerke des Barock ist der „Pfarrhof" auf jeden Fall. Die Planung wurde vom ersten Bauherrn, Fürstbischof Johann Philipp von Schönborn, 1720 dem damals noch unbekannten Balthasar Neumann übertragen. Der begabte Architekt entwarf auch den architektonischen Höhepunkt, das weltberühmte Treppenhaus, durch das man bei einem Rundgang ins Obergeschoss gelangt. Das Deckenfresko mit den damals bekannten vier Erdteilen – Europa, Asien, Afrika und Amerika – schuf 1752/1753 der Venezianer Giovanni Battista Tiepolo. Großartig ist auch die Ausstattung der Räume. Wer eine Stippvisite hier plant, kann sich im Vorfeld schon einen Überblick verschaffen – über die Webseite der Residenz ist ein virtueller Rundgang in Ton bzw. Text und Bild mit tollen 360-Grad-Panoramen abrufbar. Für Kinder finden sich dort Vorlagen zum Basteln einer Königskrone und ein kleines Memory-Spiel, das sowohl online gespielt als auch ausgedruckt und live ausprobiert werden kann. Die Motive sind Fotos von Residenz-Details und vom herrlichen Hofgarten, der vom Gartenkünstler Johann Prokop Mayer entworfen wurde und in dem es sich elegant flanieren lässt.

A propos Barock: Interessierten seien auch die Würzburger Kirchen, etwa das Kollegiatstift Neumünster und die Augus-

Vor dem Rathaus pulsiert das Leben.

Ausflugs-Tipps

tinerkirche mit ihren prächtigen barocken Fassaden, die Karmelitenkirche sowie St. Peter und Paul ans Herz gelegt.

> *Residenz und Hofgarten Würzburg,*
> *www.residenz-wuerzburg.de*
> *April-Okt. tgl. 9-18, Nov.-März*
> *tgl. 10-16.30 Uhr*

Kletterwand, Riesenrutsche und Trampolinanlagen, wahrscheinlich genau das Richtige.

> *www.wuerzburg.de*
> *Rathausführungen: Mai-Okt. Sa. 11 Uhr*
> *Kinderland, Werner-von-Siemens-Str. 16,*
> *www.kinderland-wuerzburg.de*

 8   **DIE STADT ENTDECKEN**

▶ Sich ganz entspannt durch Würzburg treiben lassen

Würzburg erlebt man am intensivsten, wenn man sich von Highlight zu Highlight treiben lässt. In der Stadt mischen sich leibliche Genüsse, Kunst und Fleckchen, die zum Sinnieren verführen. Lassen Sie sich verführen zum Wein und zur Häckerbrotzeit, bewundern Sie die Fassade des Hauses „Zum Falken", betrachten Sie auf der Alten Mainbrücke die Heiligenfiguren und finden Sie Ruhe im Lusamgärtchen.

Die Touristinformation lädt u. a. zu Rathausführungen ein. Sie beginnen vor dem Gebäude, am barocken Vierröhrenbrunnen, der ein beliebter Treffpunkt ist. Das Würzburger Rathaus war im 13. Jahrhundert Sitz des bischöflichen Burggrafen und wurde im Laufe der Jahrhunderte ständig erweitert. Bei der Besichtigung überrascht der Wenzelsaal, der nach König Wenzel dem Faulen benannt wurde und ein seltenes Beispiel für einen gut erhaltenen romanischen Profansaal ist. Auffällig ist auch der wiederum nach dem Burggrafen Eckart benannte 55 m hohe romanische Turm. Etwas versetzt schließt sich der Rote Bau an, 1659 errichtet und mit einer Renaissancefassade versehen.

Genug Geschichte und Kultur? Die Kinder wollen sich austoben? Dann ist ein Abstecher zum INSIDER TIPP ▶ Kinderland Würzburg, einem Hallenspielplatz mit

 9   **BOTANISCHER GARTEN**

▶ Andere Klimazonen erkunden

Eine wahre Pracht sind die Freianlagen des Botanischen Gartens der Universität in der warmen Jahreszeit, aber auch bei kühler Witterung lohnt sich ein Besuch, denn dann locken die 15 Pflanzenschauhäuser und entführen Besucher etwa in die Tropen, in die Mittelmeerregion oder ins Gebirge. Zu festen Terminen finden auf dem Gelände Veranstaltungen statt, z. B. zum Thema Erdbeerpflanzen (mit Verkostung) oder fleischfressende Pflanzen. Das Highlight für Kinder ist der Workshop „Schokowerkstatt und Gewürze" – sie dürfen sogar selbst Schokocreme herstellen (nach Voranmeldung)!

> *Botanischer Garten, Julius-von-Sachs-Platz 4, www.bgw.uni-wuerzburg.de*
> *April-Sept. tgl. 8-18, Okt.-März 8-16 Uhr*

Spaziergang durchs Tropenhaus

Mit dem GPS-Gerät auf Tour

BAD MERGENTHEIM

10 CITYCACHING

▶ **Stadtspaziergang mal ganz anders**

Geocaching kennen die meisten – doch in Bad Mergentheim ist Citycaching angesagt! Mit einem Fragebogen und einem kostenlos gegen Vorlage eines Personalausweises bei der Touristinformation ausleihbaren GPS-Gerät können sich Besucher auf den Weg durch die Stadt machen. Dabei passieren sie Sehenswürdigkeiten, müssen aber auch Rätsel lösen, wodurch sich die Koordinaten des jeweils nächsten Anlaufpunkts ergeben. Solche Punkte sind etwa das Deutschordensschloss, in dem einst 18 Hochmeister residierten (hier würde sich auch ein Besuch des Deutschordensmuseums anbieten), und der Kurpark mit den vier Heilquellen, denen die Stadt das Prädikat „Bad" verdankt. Letzterer gehört zu den herrlichsten Parkanlagen Deutschlands, vor allem der Japangarten und der 1800 m² große Rosengarten sind sehenswert. Wenn das Wetter schön ist, sind vor dem Musikpavillon außerdem **INSIDER TIPP** Wasserspiele zu den Klängen von Rondo Veneziano, André Rieu und anderen zu bewundern (April-Anfang Nov.) – ein unvergesslich zauberhaftes Erlebnis.

Insgesamt gibt es drei GPS-Routen für Erwachsene und zwei für Jüngere; eine Tour dauert ungefähr zwei Stunden. Wer alle Stationen abhaken konnte, hat sich automatisch einen guten Überblick über den Kurort verschafft – und auch so manche Detailinformation aufgeschnappt.

> *Touristinformation, Marktplatz 1, www.bad-mergentheim.de*

> *April-Okt. Mo.-Fr. 9-18, Sa. 9.30-12.30 u. 13-17.30, So. 10-15, Nov.-März Mo.-Fr. 9-13 u. 14-17, Sa./So. 10-14 Uhr*

Entspannung im Solymar

Ausflugs-Tipps

11 **THERME SOLYMAR**

▶ **Entspannt baden – aber auch mit jeder Menge Spaß**

Kleine Auszeit gefällig? Einen erholsamen „Miniurlaub" verspricht dieses Vital- und Solebad, dessen fünf Becken mit warmem, mineralhaltigem Wasser gefüllt sind. Man kann im Lithiumbad die Seele baumeln lassen, im Magnesiumbad wie im Toten Meer schweben, sich im Kalziumbad von Düsen massieren lassen oder im Meditationsbecken unter dem künstlichen Sternenhimmel relaxen. Saunaanfänger genießen moderate Wärme im Textildampfbad, für erfahrene Saunagänger stehen sechs verschiedene heiße Saunen zur Verfügung. Wer mag, kann sich zudem im Spa verwöhnen lassen.

Aber auch für Familien ist gesorgt: Im Sportschwimmbecken mit seinen 25-m-Bahnen und der Sprunganlage kann trainiert werden, außerdem gibt es zwei Rutschen sowie einen Eltern-Kind-Bereich mit Attraktionen für die ganz Kleinen.

> *Therme Solymar, Erlenbachweg 3, www.solymar-therme.de*

> *tgl. 9-22, Sport- und Familienbad: Mo. u. Mi. ab 6 Uhr*

12 **WILDPARK**

▶ **Natur pur erleben**

Treffpunkt im „Gebirge", etwa 200 m hinter dem Eingang, ist jeweils um 9.45 Uhr und 13.30 Uhr. Dann geht es in Begleitung fachkundiger Tierpfleger zu den Fütterungsstellen der Kormorane, Fischotter, Bären, Luchse, Geier und Adler sowie zum Wolfsrudel. Nebenbei erfährt man eine Menge Wissenswertes über die Lebensräume und Verhaltens-

Steinbock im Mergentheimer Wildpark

weisen der Tiere. Angeleint darf sogar der eigene Hund mitspazieren! Anschließend können Besucher anderen bei der Arbeit zuschauen: Bei den kurzweiligen Haustiervorführungen wird deutlich, wie Kaltblüter und Zugochsen in der Landwirtschaft eingesetzt wurden und welches Tier zu welchem Zweck domestiziert wurde. Außerdem warten auf dem Spielbauernhof Langohrige, Meckerer und Hoppler darauf, gestreichelt zu werden.

Im Wildpark Bad Mergentheim können Sie natürlich auch alles auf eigene Faust erkunden und weitere Highlights erleben. Bei einer Wanderung durch die Bergwelt lassen sich grazile Steinböcke und Gämsen blicken, auch Murmeltiere kommen ab und zu aus der Deckung. Rund um die Seen und Bäche zeigen sich Schwarzstörche und Fischreiher, auf den Waldlichtungen tummeln sich Wildschweine und Rothirsche. Beeindruckend ist, dass fast alle Anlagen naturnah gestaltet sind und kaum Gitter die Sicht versperren. Kinder werden die Koboldburg lieben, einen Abenteuerspielplatz der besonderen Art, der alle Sinne anspricht.

> *An der B 290, www.wildtierpark.de*

> *März-Okt. tgl. 9-18, Nov.-Feb. Sa./So. 10.30 Uhr-Einbruch der Dunkelheit*

BAD MERGENTHEIM

13 **MERGENTHALER-GEDENKSTÄTTE**

▶ **Selbst Hand anlegen**

Im Ortsteil Hachtel wurde 1854 ein Mann geboren, der großen Anteil an der Verbreitung des gedruckten Wortes hat: Ottmar Mergenthaler, Erfinder der Bleisetzmaschine „Linotype". Eines der ersten Exemplare dieser Maschine steht heute in der Mergenthaler-Gedenkstätte in Hachtel. Das kleine Museum zeigt außerdem Setzkästen und Werkzeuge aus der Zeit des Bleisatzes und gibt damit einen umfassenden Einblick in einen über 500 Jahre alten Berufsstand. Es erwartet Sie eine lebendige Lehrschau aus dem Bereich des Druckgewerbes: Ihnen wird live vorgeführt, wie die Linotype-Setzmaschine funktioniert – und wer mag, darf an der Handsetzmaschine sogar selbst tätig werden. Das Ergebnis kann natürlich mit nach Hause genommen werden.

> *Ottmar-Mergenthaler-Gedenkstätte, Ottmar-Mergenthaler-Str., www.bad-mergentheim.de*
> *Führungen: 1. So. im Monat 13-16 Uhr*

WEIKERSHEIM

14 **SCHLOSS UND DORFMUSEUM**

▶ **Ein Schatzkästchen bewundern und auch die ländliche Seite kennenlernen**

Um 1600 errichtete Graf Wolfgang II. von Hohenlohe auf den Mauern einer Wasserburg das Weikersheimer Renaissanceschloss. Im Innern beeindruckt der Rittersaal mit kunstvoller Kassettendecke. Ab 1710 entstand die fast vollständig erhaltene barocke Innenausstattung der fürstlichen Räume. Ebenfalls barock zeigt sich der Schlossgarten mit Wasserspielen und Steinfiguren.

Zu festen Terminen (s. Website) finden im Schloss `INSIDER TIPP` ▶ thematische Sonderführungen statt, etwa unter dem Motto „Vom Orient auf die fürstliche Tafel" – Teil dieser Tour sind dann z. B. ein Blick in die Schlossküche, ein Gewürzquiz und Riechstationen. Für junge Besucher eignet sich u. a. die Führung „Märchen im Schloss", denn eine schönere Kulisse für Märchen ist kaum denkbar.

Ideales Kontrastprogramm: Im ehemaligen Kornbau der Stadt hat sich das Tauberländer Dorfmuseum eingerichtet. Auf mehr als 1000 m² lernen Besucher hier das bäuerliche Wohnen in seiner ganzen Vielfalt kennen: Sie können Truhen und Schränke besichtigen, sich Hafnerkeramik und Steingutgeschirr ansehen und außerdem alle Gerätschaften, welche

Die Bleisetzmaschine „Linotype"

Rittersaal in Schloss Weikersheim

Marienaltar in der Herrgottskirche

die Bauern und Weingärtner benötigten, um ihr Tagewerk zu schaffen, bevor sie abends müde ins Bett fielen.

> Schloss Weikersheim, Marktplatz, www.schloss-weikersheim.de
> April-Okt. tgl. 9-18, Nov.-März tgl. 10-12 u. 13-17 Uhr
> Tauberländer Dorfmuseum, Marktplatz, www.tauberlaender-dorfmuseum.de
> April-Okt. Fr.-So. 13.30-17 Uhr

CREGLINGEN

15 **HERRGOTTSKIRCHE**

▶ **Den fantastischen Altar bestaunen**

Die Kirche ist 1389 an jener Stelle erbaut worden, an der ein Bauer beim Pflügen eine Hostie gefunden hatte. Viele heutige Besucher kommen wegen eines anderen Wunders: Der prächtige, 9,2 m hohe und mehr als 3,5 m breite Marienaltar von Tilman Riemenschneider lockt sie hierher. Die Kunstgeschichte spricht vom reifsten Werk des Künstlers, seinem schönsten Schnitzaltar. Wer im August in Creglingen ist, kann bei Sonnenschein das **INSIDER TIPP** „Creglinger Lichtwunder" miterleben: Dann ist der Altar in ein zauberhaftes Licht getaucht.

Den biblischen Aspekt greifen die Brotbackkurse auf dem Creglinger Bauernhof Schmidt auf: Hier können Interessierte zu festen Terminen (s. Website) Brot aus alten Getreidesorten wie Kamut backen lernen – biblisches Brot also gewissermaßen.

> www.herrgottskirche.de
> Feb. u. März Di.-So. 13-16, April-Mitte Aug. tgl. 9.15-18, Mitte-Ende Aug. tgl. 9.15-18.30, Sept. u. Okt. tgl. 9.15-18, Nov. u. Dez. Di.-So. 13-16 Uhr
> www.urlaubsbauernhof-schmidt.de

◼ OCHSENFURT ◼

 HEIMAT- UND TRACHTENMUSEUM, KNEIPP-ERLEBNISWELT

▶ **Erst besichtigen, dann kneippen**

Hinter den Parkanlagen Ochsenfurts mit ihren Aussichtsplätzen auf Main und Schifffahrt erschließt sich das mittelalterliche Städtchen: Im „Schlössle" berichtet das Heimatmuseum von bewegten Zeiten und den Zünften. Zudem widmet es sich der Geschichte des Weinbaus und des Büttnerhandwerks. In der Nähe befindet sich das Greisinghaus mit dem Trachtenmuseum, in dem die Ochsenfurter Gautracht zu bewundern ist. Ein weiteres Highlight der Stadt ist die berühmte kunstvolle Figurenuhr am Neuen Rathaus, die hoch über der Freitreppe jede Stunde ihre kleine Vorstellung gibt – mit Bürgermeister, Ratsherren und dem gruseligen „Rippenmann".

Alte Gemäuer in Ochsenfurt ...

Wenn die Füße nach dem Stadtrundgang dampfen, bringt ein Besuch in der Kneipp-Erlebniswelt neue Energie. Hier finden sich u. a. Wassertret- und Armbecken, die Wasseranwendungen à la Pfarrer Kneipp ermöglichen, ein Barfußpfad mit unterschiedlichen Bodenmaterialien und ein Arzneikräutergarten.

> *Heimatmuseum, Brückenstr. 26*
> *Trachtenmuseum, Spitalgasse 13*
> *beide Ostern-Ende Okt. Sa./So. 14.30-16.30 Uhr*
> *Kneipp-Erlebniswelt, Ochsenfurt-Hohestadt, http://ochsenfurt.de*

◼ SOMMERHAUSEN ◼

17 **BÜHNEN UND GALERIEN**

▶ **In Kunst, Kultur und Trauben schwelgen**

Das kleine Sommerhausen am Main besitzt gleich mehrere Theater: Das Torturmtheater, 1950 von Luigi Malipiero gegründet und seit 1975 vom Schauspieler, Regisseur und Maler Veit Relin erfolgreich weitergeführt, ist mit 50 Sitzplätzen das kleinste Theater Deutschlands. Hier werden hauptsächlich Stücke zeitgenössischer Autoren aufgeführt. Gleich daneben, in einem Gewölbekeller, ist ein Theaterraum mit etwa 100 Sitzplätzen untergebracht, in dem das Kammerspiel-Theater „Sommerhaus" seine Stücke auf die Bühne bringt. In einem weiteren Gewölbekeller hat sich die Kleinkunstbühne für Musik „art & weise" etabliert, die neben (Jazz-)Konzerten auch Kabarett und Lesungen veranstaltet. Wer Wert auf Kultur legt, ist hier also richtig.

Zu den Theatern gesellte sich im Lauf der Jahre immer mehr Künstlerisches: Galerien präsentieren Bilder, Grafiken und Skulpturen in- und ausländischer

... und in Sommerhausen

Langohren im Sommerhauser Tierpark

Künstler, Antiquitätengeschäfte bieten erlesene Möbel an und Gold- und Silberschmiede kostbaren alten und modernen Schmuck – super für Shoppingfans!

Besucher werden aber auch das malerische, von einer Stadtmauer eingefasste alte Sommerhausen an sich mögen: Es hat eine lange Geschichte und mit seinen mittelalterlich anmutenden Winkeln viel Flair. Natürlich ist darüber hinaus auch typisch Fränkisches zu sehen und zu genießen, z. B. Wein. Da passt es auch, dass Sabina Schmiedel vom „Raum5" eine **INSIDER TIPP** **ayurvedische Traubenkur** anbietet, bei der sie sich die Inhaltsstoffe von Traubenkernen zunutze macht. Warum Kunst und Kultur nicht mit Entspannung verbinden?

> *Torturmtheater, Hauptstr. 1,*
www.torturmtheater.de
> *Theater Sommerhaus, Katharinengasse 3, www.theater-sommerhaus.de*
> *Raum5, Rathausgasse 5,*
www.ayurveda-würzburg.de

18 **TIERPARK**

▶ **Nutztiere hautnah erleben**

Im Tierpark von Sommerhausen fühlen sich nicht nur die meckernden, muhenden, wiehernden, summenden und flatternden Bewohner wohl, sondern auch kleine und große Besucher. Denn neben den Tieren gibt es hier u. a. einen fantasieanregenden Naturerlebnisspielplatz mit Ritterburg, Wasserspielanlage und Erlebnispfad sowie eine Umweltstation mit naturpädagogischem Angebot und ein Café. Sogar Übernachtungen im Tipi lassen sich organisieren. Der Clou: All diese Highlights werden in Zusammenarbeit mit Menschen mit Behinderung betrieben, was für diese eine Gelegenheit ist, außerhalb von Behindertenwerkstätten zu arbeiten.

> *Tierpark, An der Tränk,*
www.tierparksommerhausen.de
> *April-Okt. tgl. 9-18, Nov.-März 10-17 Uhr*

Teufelsmaske im Fastnachtmuseum

Museumsliebhaber und Schleckermäuler werden sich auch das Conditorei-Museum ansehen wollen. Es ist in einem der ältesten und schönsten Bürgerhäuser der Stadt untergebracht und deshalb schon von außen wirklich spektakulär. Drinnen zu sehen sind Exponate rund um die süßen Sünden.

> *Deutsches Fastnachtmuseum, Luitpoldstr. 4, http://deutsches-fastnachtmuseum.byseum.de*
> *Di.-So. 13-17, Mi. bis 18 Uhr*
> *Conditorei-Museum, Marktstr. 2/Kaiserstr. 11, www.conditorei-museum.de*
> *Mo.-Sa. 7-18, So. 8-17, Okt.-April Sa. nur bis 16 Uhr*

■ KITZINGEN ■

19 MUSEEN DER STADT

▶ **Schaurig schöne und süße Kunst**

Die Geschichte Kitzingens ist eine Art Pfänderspiel: Mal gehörte die Stadt den Hohenlohern, dann dem Hochstift Würzburg, später den Markgrafen von Ansbach – man verpfändete sie und löste das Pfand wieder ein. Dabei ist Kitzingen immer schöner geworden, denn jeder Herr meinte, er müsse die Stadt schmücken.

Für Gäste sind besonders die Museen interessant. Da wäre das Deutsche Fastnachtmuseum: Auf rund 400 m^2 erleben Sie die bunte Welt der Narren im Wandel der Zeit. Sie werden überrascht sein, wie ernsthaft die Fastnacht behandelt wird! Sogar ein virtuelles Narrentheater gibt es, bei dem historische Fastnachtfiguren ihre Geschichten erzählen. Früher war die Ausstellung u. a. im Falterturm – übrigens auch eine Sehenswürdigkeit – untergebracht, doch musste sie aus Brandschutzgründen in ein anderes Gebäude verlegt werden.

20 AQUA SOLE

▶ **Sauna, Salz und Sinnenfreuden**

Beim Schwitzen schon einmal den Blick aus einer Panoramasauna genossen? Im Aqua Sole ist das möglich! Hier laden zwei zertifizierte Fünf-Sterne-Premium-Saunen und ein Dampfbad zum Relaxen ein. Abkühlen kann man sich danach direkt im Main, bevor man sich auf dem weitläufigen Saunasteg oder im Saunagarten ausruht. Auch ein Wellnessbereich fehlt nicht – lassen Sie sich dort doch eine Hot-Stone-Massage geben!

Wer das kühle Nass bevorzugt, findet im Aqua Sole ein 25-m-Becken, ein Lehrschwimmbecken und ein Außenbecken vor, Letztere mit höherer Wassertemperatur, aber alle gefüllt mit heilender Natursole. Und für die ganz jungen Badegäste steht ein Kinderplanschbecken zur Verfügung.

> *Aqua Sole, Marktbreiterstr. 8, www.aqua-sole.de*
> *Solebad: Mo.-Fr. u. So. 8-21, Sa. 10-21, Sauna: Mo.-Do. 9-22, Fr./Sa. 9-23, So. 9-21 Uhr*

IPHOFEN

21 **WEINORT MIT FACHWERKPRACHT**

▶ Kultur und Wein genießen

Früher war das Bierbrauen in Iphofen verboten, weil es immer genug Wein gab und es eine Sünde gewesen wäre, diesen nicht zu trinken: Die Iphofener Lagen zählen zu den besten Frankens. Der Ort hat aber auch Handfestes zu bieten, z. B. die Stadtbefestigung mit dem Iphofener Wahrzeichen, dem Rödelseer Tor mit dem vielen Fachwerk, das schon zahlreichen Künstlern und Fotografen als Motiv gedient hat. Sie sollten sich auch das prächtige barocke Rathaus mit seiner doppelläufigen Treppe und dem herrschaftlichen Portal ansehen. Wer mag, entspannt dann auf der **INSIDER TIPP** Freizeitanlage „Am Ringsbühl", wo Besucher neben einem Spielplatz und Feuerstellen auch eine Kneipp-Anlage mit

Fachwerk in Iphofen: Rödelseer Tor

Fußfühlpfad erwartet. Bei Regen bietet sich ein Besuch im Knauf-Museum an, das eine Reliefsammlung ausstellt.

> *www.iphofen.de*
> *Knauf-Museum, Am Marktplatz,*
www.knauf-museum.de
> *April–Okt. Di.-Sa. 10-17, So. 11-17 Uhr*

Im Wellnessbereich des Aqua Sole kann man wunderbar zur Ruhe kommen.

IPHOFEN

22 KIRCHENBURGMUSEUM MÖNCHSONDHEIM

▶ **Ein Dorf von anno dazumal erkunden**

In diesem Freilichtmuseum sind mehrere Museen zu einem zusammengefasst: Im Iphofener Ortsteil Mönchsondheim stehen rund um den Dorfplatz historische Gebäude, darunter ein Schulmuseum mit original eingerichtetem Schulzimmer, in dem noch bis 1967 unterrichtet wurde – und manchmal sogar heute noch Leben ist. Für Gruppen werden nämlich „Unterrichtsstunden" angeboten, in denen die „Schüler" auf Schiefertafeln die deutsche Schrift schreiben lernen. Im Mesnerhaus können Besucher die Trachtenabteilung besichtigen, und auch das Handwerkermuseum in der alten Kirchenburg, deren Herzstück die 1688 erbaute Pfarrkirche bildet, ist spannend. Wie man hier auf dem Land früher wohnte, wird im historischen Gasthof gezeigt, Wohnung und Bäckerei des letzten Gemeindebäckers im Rathaus. Beliebt bei

Museum der kurzen Wege in Mönchsondheim

Kindern ist die INSIDER TIPP ▶ Gruppenführung, bei der sie Einblick in verschiedene Handwerke nehmen – und sogar ein Stück Wäsche auf „alte" Art waschen – können. Zum Schluss können Hungrige in der Kirchenburgschenke einkehren.

> *Kirchenburgmuseum Mönchsondheim, www.kirchenburgmuseum.de*
> *Mitte März-Okt. Di.-So. 10-18, Nov. Sa./So. 10-16 Uhr*

ABTSWIND

23 WEINLEHRPFAD

▶ **Genuss für Körper und Seele**

Bayerns erster Weinlehrpfad, der mit Fassböden und Weinpokalen gekennzeichnet ist und am Wirtschaftsweg am Ende der Weinstraße beginnt, führt über gut 3 km durch die Weinberglagen Schild und Altenberg. Erleben Sie die Weinberge mit allen Sinnen: Im Frühjahr, wenn die Rebstöcke gerade auszutreiben beginnen, ist die Blüte der Weinbergstulpen in Castell ein intensives Farberlebnis; von Farben geprägt ist die Wanderung auch im Herbst, wenn sich das Weinlaub rötet und die Reben reifen. Während der etwa 90 Minuten Ihrer Wandertour über gut befestigte Wege mit Rastmöglichkeiten erfahren Sie auch, was sich hinter der Rebsorte „Kerner" verbirgt sowie Wissenswertes über Anbau und Pflege der Reben. Wer sich bis zur höchsten Stelle des Pfades vorgearbeitet hat, genießt von einem kleinen Rondell aus einen schönen Ausblick über die Gegend. Außerdem befindet sich dort auch der Weinlehrgarten der Staatlichen Hofkellerei Würzburg. Ihre neuen Kenntnisse können Sie gleich in der Praxis verwerten: in Abtswind, sei es im Ort selbst, im „Haus des Gastes" oder im „Weingut

Das Weingut Behringer lädt zur Einkehr ein.

Die Achterbahn „Boomerang"

Behringer" ein wenig außerhalb. Nach Absprache ist im „Fürstlich Castell'schen Domänenamt" eine Kellerführung mit Verkostung möglich.

> *www.abtswind.de*

GEISELWIND

 FREIZEIT-LAND GEISELWIND

▶ Den Adrenalinrausch spüren

Eine Welt voller Abenteuer, Spaß und Unterhaltung bietet das fantastische Freizeit-Land Geiselwind auf über 400 000 m². Rasante Fahrgeschäfte, Liveshow-Programme, Elektronik-Theater (4D-Motion-Kino), Ausstellungen, idyllische Erholungszonen und ein Tierpark sorgen für Begeisterung. Am besten beginnen Sie Ihre Tour auf dem 95 m hohen Aussichtsturm, dem „Top of the World", und verschaffen sich erst einmal einen Überblick. Anschließend können Sie in

der „T-Rex-World" einen Blick in die Urzeit werfen und zwischendurch Zirkusluft schnuppern. Den ultimativen Kick gibt es auch: Die Looping-Achterbahn „Boomerang" ist eines der Highlights der Anlage. Auf einer Fahrstrecke von 572 m geht es gleich sechsmal kopfüber – und das nicht nur vorwärts, sondern auch rückwärts – und in die beiden „Korkenzieher". Kleine und große Wasserratten werden die verschiedenen Wasserattraktionen, etwa die Nautic-Jets oder das Kroko-Wasser-Rodeo, lieben. Für ganz junge Besucher sind die Hüpfburgen des Kiddy-Lands oder der Zwergerl-Express das Richtige. Und wer es ruhiger mag, findet z. B. im Streichelzoo eine Oase, wo Ziegen, Ponys und Esel gestreichelt und gefüttert werden dürfen. Exotisch geht es hingegen in der Vogelwelt zu, wo Federvieh aller Art in großen Freiflugvolieren lebt. Natur plus Spannung, Spaß und Spiel – das ist das Geheimnis von Geiselwind.

> *www.freizeitlandgeiselwind.de*
> *April-Sept. tgl. 9-17, Aug. Sa. bis 20 Uhr*

Stadtführung durch Prichsenstadt

Giebelhäuser, den Freihof von 1592 und erreicht schließlich die kleine evangelische Kirche. Für Liebhaber mittelalterlicher Architektur ist die Tour ein Highlight.

Wer eher Lust auf Natur hat und etwas über den Weinbau früher und heute erfahren möchte, wählt den **INSIDER TIPP** Prichsenstädter „RebenSlauf", eine Wanderstrecke, im Rahmen derer man zwölf Stationen außerhalb des Ortes abläuft. Das Ganze dauert ungefähr 75 Minuten, der Startpunkt liegt an der katholischen Kirche. Auf dem Weg bietet sich ein wundervoller Blick – über den Ort und sogar bis zum Steigerwald. Fürs leibliche Wohl sorgen danach die diversen Gasthöfe und Weingüter Prichsenstadts.

> *www.prichsenstadt.de*

■ GEROLZHOFEN ■

26 **ERLEBNISBAD GEOMARIS**

▶ **Im „neuen" Geomaris toben, planschen und entspannen**

Das Familien- und Erholungsbad Geomaris im Städtchen Gerolzhofen ist ein tolles Ziel, auch wenn die Sonne sich mal nicht

■ PRICHSENSTADT ■

25 **ALTSTADT UND WEINBERGE**

▶ **Stadt und Umland „erwandern"**

Das romantische Prichsenstadt – Fachwerk hinterm Stadttor, Weinlaub an den Fassaden – ist eine echte Idylle. Touristenströme kennt man hier nicht, umso besser lässt sich ein Rundgang durch die Altstadt und durch die Geschichte genießen. Die historische Stadttour auf eigene Faust (Dauer etwa 1 Std.) durch die winkeligen Gassen führt an 22 alten Bauwerken vorbei und beginnt am Westtor (auch Vorstadttor genannt), das gegen Ende des 16. Jahrhunderts errichtet wurde. Anschließend passiert man verschiedene

Außenbecken des Geomaris

In einem kleinen Flitzer kann man sich auf der Kartbahn dem Rausch der Geschwindigkeit hingeben.

hinter den Wolken hervorwagt oder Eis und Schnee vorherrschen. Es wurde frisch renoviert und besitzt nun teilweise ganz neue Anlagen – da ist sicher das Richtige für jeden Geschmack dabei. Neben einem Sport- und einem Nichtschwimmerbecken verfügt es über ein Salzwasserbecken, ein gesundheitsförderndes Jod-Selen-Becken, einen großen Erlebnis-Planschbereich und eine Riesenrutsche. Wer es lieber ruhiger angehen möchte, kann im wunderschönen Saunadorf die Seele baumeln lassen, sich in der Dampfgrotte erholen oder auf den Wärmebänken wohlig vollkommen abschalten. Das Geomaris bietet Badespaß für die ganze Familie!

> *Geomaris, Dingolshäuser Str. 2,*
www.geomaris.de
> *Mai-Sept. Mo.-Fr. 9-21, Sa./So. 9-20 Uhr*

27 **KART FAHREN**

▶ Rasant um die Kurven flitzen

Den Helm aufgesetzt und ab ins Rennen! Mit dem Steigerwald-Motodrom besitzt Gerolzhofen eine international

anerkannte Outdoor-Rennstrecke für den Kartsport. Jeden Samstag von Ostern bis Ende Oktober trainieren dort die ambitionierten Fahrer, von den ganz Kleinen in der Bambiniklasse bis hin zu den Jugendlichen und Erwachsenen der Seniorenklasse. Ein spektakuläres Erlebnis für Zuschauer! Aber auch alle, die gern selbst einmal um die Kurven flitzen möchten, sind hier willkommen: Ihnen stehen immer sonntagnachmittags Leihkarts mit Viertaktmotor zur Verfügung. Eigene Ausrüstung ist nicht erforderlich, die Helme können ausgeliehen werden; Sturmhauben zum Drunterziehen sind vor Ort käuflich zu erwerben. Sich auf die Strecke wagen kann jeder Motorsportbegeisterte ab einem Alter von zehn Jahren.

Den schönsten Momenten der Fahrt kann man danach noch im gemütlichen clubeigenen Restaurant mit Winter- und Biergarten nachspüren, ob bei Fassbier und einer Brotzeit oder sonntagstypisch bei Kaffee und Kuchen.

> *Steigerwald-Motodrom, Dingolshäuser Str. 24, www.msvgeo.de*
> *Fahrspaß für Jedermann: Ostern-Ende Okt. So. 13-18 Uhr*

Mit dem Kanadier auf dem Altmain unterwegs

■ VOLKACH ■

28 **KANU FAHREN AUF DEM MAIN**

▶ Sich die Mainschleife erpaddeln

Bei einer der größten Verleihstationen Süddeutschlands können Sie nach einer kurzen Einweisung – und dem Anlegen einer Schwimmweste – in ein Kanu steigen und auf eigene Faust lospaddeln. Es sind die verschiedensten Bootstypen verfügbar, vom Einer-Kajak bis hin zum Zehner-Mannschaftskanadier. Egal ob Sie zu zweit eine romantische Tour bei Sonnenuntergang auf dem Altmain unternehmen oder mit Ihrer Familie einen entspannten Tag auf dem Wasser verbringen möchten – das Personal empfiehlt Ihnen gern die passende Strecke.

Bei der „Shorty-Tour", bei der 8 km gepaddelt werden müssen (Fahrzeit 2-3 Std.) geht es beispielsweise von Volkach aus über die Astheimer Schleuse auf den Altmain und dann in Richtung Sommerach. Wer mehr Zeit hat, kann aber auch den „Klassiker" bis zum Ausstieg zwischen Schwarzenau und Münsterschwarzach wählen – an der Strecke gibt es mehrere Möglichkeiten, eine Pause einzulegen und einzukehren, etwa in einer Winzerei (12 km, Fahrzeit 3-4 Std.).

Zurück zum Ausgangspunkt kommen Sie nach der Tour übrigens mit dem Shuttle-Service von Waterwalker, die Abholzeit lässt sich praktischerweise jeweils flexibel vereinbaren.

> *Waterwalker Kanu-Erlebnis-Center, Ländestr. 4, www.waterwalker.de*
> *Mai-Okt. tgl. 10-17 Uhr*

ROTHENBURG OB DER TAUBER

29 HEISSLUFTBALLONFAHRT ÜBER DIE STADT

▶ **In die Luft gehen –
aber ganz gemächlich!**

Einen Überblick über das schöne Rothenburg und seine Umgebung bekommt man am leichtesten von oben: Wenn das Wetter mitspielt, steigen die Ballone von Happy Ballooning vom Startplatz in Detwang unterhalb der Altstadt in die Luft auf und schweben dann lautlos, wohin der Wind sie trägt – ein tolles Erlebnis!

Spannend ist bereits die Vorbereitung des Equipments, bei der die Fahrgäste durchaus mit anpacken dürfen. Und nach der Landung werden alle, die nun die erste Ballonfahrt ihres Lebens hinter sich haben, stilecht getauft und in den Adelsstand der Ballonfahrer erhoben, Urkunde inklusive. Die Boden-Crew bringt die „Adligen" anschließend zurück zum Startort.

Rothenburg aus der Vogelperspektive

> *Happy Ballooning, Spitalgasse 19, www.happy-ballooning.de*
> *Fahrten tgl. nach Vereinbarung bei geeigneter Witterung, April-Okt. morgens oder abends, Nov.-März auch tagsüber*

30 STADTSPAZIERGANG

▶ **Auf Streifzug durch die Stadt**

Nur wenige deutsche Städte haben Vergangenes so stilecht bewahrt wie Rothenburg. Sobald Sie durch eines der Stadttore spazieren, stehen Sie schon im tiefsten Mittelalter. Die ungewöhnlich gut erhaltenen und sichtbaren Verteidigungsanlagen – mit Stadtmauer, Türmen, und Wehrgang – machen begreiflich, wie in jener Zeit Festungen gebaut wurden. Wer mag, kann sich einer samstäglichen öffentlichen Führung zu diesem Thema anschließen, die einen faszinierenden Einblick in die Geschichte der Stadt gewährt. Stadtspaziergänge zu anderen Themen gibt es ebenfalls (s. S. 60).

> *Treffpunkt: Marktplatz vor dem Rathaus, www.tourismus.rothenburg.de*
> *Sa. 16 Uhr; Termine der verschiedenen Themenführungen s. Website*

Wehrmauer in Rothenburg ob der Tauber

Uraltes Handwerkerhaus

ROTHENBURG OB DER TAUBER

3! TÜRME, TORE, ALTE GEBÄUDE

▶ **Von Station zu Station wandern**
Türme, Tore und alte Gemäuer prägen Rothenburg ob der Tauber. Um sich einen Eindruck davon zu verschaffen, bietet sich der eigens eingerichtete Turmweg (4 km, Startpunkt: Rödertor, ca. 2 Std.) an. Auf diesem laufen Sie 22 thematische Stationen ab, an denen Sie auf Infotafeln jeweils anschauliche Erläuterungen zu den Sehenswürdigkeiten finden. Zwischendurch sind kleine Abstecher möglich, etwa auf **INSIDER TIPP** **Erlebniswegen** wie dem Wein- und Gesteinslehrpfad oder aber zum Handwerkerhaus mit seinen noch original eingerichteten Kammern, in denen man sich anschauen kann, wie in früheren Zeiten ein einfacher Handwerker mit seiner Familie gewohnt und gearbeitet hat.
> *www.tourismus.rothenburg.de*
> *Alt-Rothenburger Handwerkerhaus,*
Alter Stadtgraben 26,
www.alt-rothenburger-handwerkerhaus.de
> *Ostern-Okt. Mo.-Fr. 11-17, Sa./So. 10-17,*
Dez. tgl. 14-16 Uhr

32 ROTHENBURGER MUSEEN

▶ **Spannende Museen erkunden**
Das ganze Jahr über Weihnachten? In Rothenburg wird dieser Kindheitstraum wahr. Denn auch außerhalb der Adventszeit kommt festliche Stimmung auf, wenn Sie im Deutschen Weihnachtsmuseum zwischen Christbaumschmuck und Räuchermännchen umherschlendern. 150 Weihnachtsmannfiguren schauen Ihnen dabei zu. Kurioses wie einen Weihnachtsbaum aus Federn und Papier gibt es auch.
Etwa 100 m weiter erwartet Sie das bedeutendste und schauerlichste Museum der Stadt. Im Gebäude der ehemaligen

Große Augen machen im Weihnachtsmuseum

Ein bisschen Mut braucht man schon im Kletterwald – aber man ist ja gut gesichert!

Johanniterkomturei befindet sich das Kriminalmuseum. Es gewährt Einblicke in das Rechtsgeschehen der vergangenen 1000 Jahre. Hier wird eindrucksvoll gezeigt, welche Strafen die Menschen früher auch für Bagatellen zu erwarten hatten. Neben grässlichen Foltergeräten sind u. a. heute eher komisch wirkende Schandmasken zu bestaunen. Tipp: Auf der Website des Museums lassen sich Museumsrallye-Bogen für Kinder jedes Alters herunterladen – die Lösungen gibt's natürlich auch!

> *Deutsches Weihnachtsmuseum, Herrngasse 1, www.weihnachtsmuseum.de*
> *April-23. Dez. tgl. 10-17 Uhr, übriges Jahr eingeschränkte Öffnungszeiten, 7.-12. Jan. geschl.*
> *Kriminalmuseum, Burggasse 3-5, www.kriminalmuseum.rothenburg.de*
> *Jan., Feb. u. Nov. tgl. 14-16, März u. Dez. tgl. 13-16, April tgl. 11-17, Mai-Okt. tgl. 10-18 Uhr*

33 **KLETTERWALD**

▶ **Balance und Geschick trainieren**

Klettern, steigen, hangeln oder einfach abhängen – im Kletterwald vor den Toren Rothenburgs können sich Besucher fortbewegen wie Koalas, Affen oder Faultiere. Entsprechend benannt sind auch die zwölf Parcours unterschiedlicher Schwierigkeitsgrade – da gibt es den einfachen „Pavian" in 2 m Höhe, den schon Kinder ab fünf Jahren schaffen können, aber auch den schwierigen „Gorilla", bei dem man bis zu 17 m hoch klettert. Damit nichts passieren kann, steht den Kletterern modernste Ausrüstung zur Verfügung. Ein Spaß für die ganze Familie!

> *Kletterwald, Blinksteige, www.kletterwald-rothenburg.com*
> *Mitte April-Mitte Sept. 10-19, Mitte Sept.-Mitte Okt. 10-18, Mitte-Ende Okt. 10-17 Uhr*

Schon mal an einem Summstein gehorcht? Am Erlebnispfad Petersberg ist das möglich.

MARKTBERGEL

34 ERLEBNISPFAD PETERSBERG

▶ **Flora und Fauna interaktiv**

Der Petersberg nahe Marktbergel ist legendenumwittert, beispielsweise soll sich in ihm ein Schatz befinden. Im Mittelalter stand er außerdem im Zentrum des Hexenaberglaubens. Heute findet sich hier ein speziell angelegter 3,5 km langer Erlebnispfad mit 15 interessanten und interaktiv gestalteten Stationen. Mit ausreichend festem Schuhwerk ausgestattet – ab Station fünf kann der Pfad nämlich unwegsam werden – kann man ihn abwandern und nebenbei das Faltblatt mit den Rätselfragen bearbeiten, das an Station eins ausliegt. Highlights sind u. a. der Summstein, die Wettersta-

tion und der Heckentunnel, in dem man die Eigenschaften dieser Vegetationsform kennenlernt.

> *Erlebnispfad, an der B 13 nahe den Marktbergeler Sportstätten*
> *www.marktbergel.de*

BAD WINDSHEIM

35 FRÄNKISCHES FREILANDMUSEUM

▶ **Eine Zeitreise durch 700 Jahre fränkischer Alltagsgeschichte machen**

Die Betten sind bezogen, auf dem Herd stehen die Töpfe, das Geschirr liegt verstaut im Bord. Wer hier wohl lebte? Im Fränkischen Freilandmuseum wird das Alltagsleben der einfachen ländlichen Bevölkerung in Franken gezeigt, ausgehend vom Spätmittelalter bis zum Beginn des 20. Jahrhunderts. Mehrere Hausgruppen wurden sorgfältig abgetragen und im Museum wieder originalgetreu aufgebaut und eingerichtet. Der Rundweg durch das Gelände führt zu sechs dorfähnlichen Baugruppen mit insgesamt über 100 Häusern aus allen Teilen Frankens. Dazwischen wachsen alte Kulturpflanzen, picken Hühner und watscheln Enten umher. Aber auch Felder und Wiesen werden landwirtschaftlich genutzt und bearbeitet – wie früher mit Pferde- und Ochsengespann. Außerdem locken mehr als 100 Veranstaltungen im Jahr Besucher an, darunter Freilichttheater, Kurse, Konzerte und Lesungen. Besonders spannend sind aber die **INSIDER TIPP** ▶ **Vorführungen alter Handwerkstechniken**: Wie entsteht ein Fass, ein Korb oder ein Holzschuh? Wie wird Brot gebacken, Bier gebraut oder gemostet? Anschauliche Antworten auf diese und weitere Fragen werden hier regelmäßig geliefert (Termine stehen auf der Website).

> *Fränkisches Freilandmuseum, Eisweiherweg 1, www.freilandmuseum.de*
> *Mitte März-Mitte Okt. Di.-So. 9-18, Mitte Okt.-Mitte Dez. Di.-So. 10-16 Uhr, Mai-Aug. auch Mo. geöffnet*

Im neuen Dorf der alten Häuser

36 HOCHSEILGARTEN

▶ Sich neuen Herausforderungen stellen

Sich zu überwinden und Dinge zu tun, die man sich nie zuvor getraut hat, kann eine sehr bereichernde Erfahrung sein, die Persönlichkeit voranbringen – und riesigen Spaß machen! Ausleben kann man die eigene Lust auf Abenteuer im Hochseilgarten Bad Windsheim. Da gilt es, auf einem Stahlseil die Balance zu halten, in der Höhe über Balken zu laufen und sogar Sprünge

Parcours im Bad Windsheimer Hochseilgarten

ins Sicherheitsseil zu wagen. Für die reibungslose und sichere Durchführung der Hochseilgartentour sorgen einerseits die wachsamen Trainer, die stets die ganze Anlage im Blick behalten, und andererseits die Sicherungssysteme. Da ist selbst ein „Flug" in den „Giant Swing" kein Problem.

> *Hochseilgarten, Erkenbrechtallee 2, http://hochseilgarten-badwindsheim.de*
> *Buchung erforderlich*

Der teilüberdachte Salzsee in der Bad Windsheimer Franken-Therme

◼ BAD WINDSHEIM ◼

37 **FRANKEN-THERME**

▶ **Im Salzbad Licht und Wärme tanken**

Bad Windsheim sieht man die lange Vergangenheit an: Lateinschule, Stadtschreiberhaus, Kilianskirche, Seekapelle – das alles ist sehenswert. Vor allem das Rathaus am Marktplatz. Im Mittelteil der Fassade leuchten die Zifferblätter der italienischen Uhr.

Auch anderweitig beeindruckt die Stadt: Sie verfügt über eine der stärksten Solequellen Europas. In deren Sog entstand ein modernes Kurzentrum mit weitem Kurpark. In den hiesigen Franken-Thermen kommen Sie in den Genuss der Solequellen: Sie können z. B. im Wasser schwebend ein Buch lesen, weil Ihnen der hohe Salzgehalt von 26,9 % Auftrieb verleiht. Der Clou ist, dass der 26 bis 30 °C warme Salzsee teilweise überdacht ist und so auch im Winter für Badespaß sorgt.

Zusätzlich gehören vier Thermalsolebecken zur Anlage, außerdem ein Dampferlebnisbereich mit Salz- und Aromadampfbad und Erlebnisduschen.

> *Franken-Therme, Erkenbrechtallee 10, http://franken-therme.net*
> *tgl. 9-22 Uhr*

◼ MARKT NORDHEIM ◼

38 **NATURERLEBNISGELÄNDE**

▶ **Eine kleine Auszeit vom Alltag**

Back to nature: Das Naturerlebnisgelände, das westlich von Markt Nordheim gelegen ist, verfügt mit einer Feuerstelle und einer Sitzgruppe sowie dem kleinen See mit Floß über ideale Gegebenheiten für ein Picknick im Grünen. Geplanscht werden kann natürlich auch. Das ganze Areal durchzieht zudem ein **INSIDER TIPP▶** Barfußpfad. Folgt man ihm, spürt man u. a. Kies, Sand, Rindenmulch und Stroh

unter den Füßen – wie herrlich, wenn diese sonst wegen Gummisohlen oder hoher Absätze nichts fühlen! Wer mag, kann auch auf den Aussichtshügel steigen und den Blick auf das Biotop genießen.
> *www.markt-nordheim.de*

Schönheiten der Natur

IPSHEIM

39 AUSFLUG IN DIE WEINBERGE

▶ **Sich zwischen Reben erholen**

Wahrzeichen und Namensgeber der Ipsheimer Weinlagen ist die Burg Hoheneck. In ihrer langen Geschichte wechselten sich Hohenloher, Hohenzollern und Wittelsbacher als Burgherrn ab. Noch älter ist jedoch der Weinbau in Ipsheim; er geht bis auf das Jahr 916 zurück. Die Lagen am sonnigen Burgberg sind ausgezeichnet; hier reifen Bacchus, Kerner und Riesling. Die Ipsheimer Winzer haben sich ganz dem „naturnahen Weinbau" verschrieben. Biotope zwischen den Rebflächen bieten Kleinlebewesen Schutz und Nahrung. Die Rebhänge „Hohenecker Rangen", „Höll"

und „Sonnenberg" sind über ein 9 km langes Wegenetz miteinander verbunden, das mit Aussichtspunkten, Infotafeln und einer Wetterstation aufwartet (einzelne Routen samt Schwierigkeitsgraden s. Website). An warmen Sonn- und Feiertagen halten die Winzer erfrischende Weine und eine Brotzeit bereit: Bewirtung im Weinberg! Ein besonderes Highlight gibt es am **INSIDER TIPP** **Wein-Wandertag Anfang September**, dann laden „Nester" in den Weinbergen zum Verweilen ein.
> *www.ipsheim.de*
> *Start: Parkplatz bei der Burg Hoheneck oder im Tal; Länge: 4, 6 oder 9 km*

Auf dem Naturerlebnisgelände können die Füße fühlen ...

NEUSTADT AN DER AISCH

40 RUNDFLUG

▶ Über Frankens „gemütliche Ecke" hinwegschweben

Wenn Sie eher zu den wagemutigeren Gästen gehören, starten Sie doch vom Flugplatz Neustadts zu einem Flug über die Stadt und den Steigerwald. Rundflüge gibt es jeweils an den Wochenenden, und zwar (bei entsprechender Wetterlage) ab etwa 9 Uhr. Erkunden Sie „Frankens gemütliche Ecke" – so heißt das Land unter Ihnen – im Fluge! Anschließend lädt das Café-Bistro zur Stärkung ein. Bei hausgemachtem Kuchen oder einer Brotzeit kann man den Flugbetrieb hier bestens beobachten.

Etwa 5 km westlich des Platzes, zwischen Dottenheim und Ipsheim an der B470, befindet sich das **INSIDER TIPP** Modellfluggelände der Flugsportgruppe. Bei gutem Wetter ist dort immer Betrieb, und es macht Spaß, die Modellflugzeuge durch die Lüfte fliegen zu sehen.

> *Flugplatz, Am Eichelberg, www.flugplatz-neustadt-aisch.de*
> *Flugbetrieb an den Wochenenden, Café: Sa./So ab 11 Uhr*
> *Modellfluggelände, an der B 470 bei Dottenheim, www.modellflug-neustadt.de*

Mit dem Propellerflugzeug hoch in die Lüfte!

41 ALTSTADTSPAZIERGANG

▶ Durch die malerische „Geißbockstadt" schlendern

Malerische Gassen, verträumte Winkel und schöne Fachwerkhäuser prägen die Atmosphäre in Neustadt, das – anders als der Name es vermuten ließe – schon im 8. Jahrhundert Erwähnung fand und damit uralt ist. Ein markantes Bauwerk ist das barocke Rathaus, auf dessen Türmchen täglich um 12 Uhr ein Geißbock meckernd seine Runde dreht – zur Erinnerung an eine Sage aus dem Mittelalter: 1461 soll die Stadt vor dem Aushungern gerettet worden sein, weil sich ein schlauer Schneider in das Fell eines Geißbocks einnähen ließ und damit den belagernden Feinden einen großen Lebensmittelvorrat und eine wohlgenährte Einwohnerschaft vorgaukelte.

Eine Besonderheit in der Stadt ist das Rasenlabyrinth. Es befindet sich auf dem Vorplatz der Kirche St. Christopherus und lockt seit 2006 Sinnsuchende und Ruhebedürftige an. Es hat etwas Meditatives, den verschlungenen Wegen zu folgen und, anders als in Irrgärten, zu erleben, dass jeder Weg zum Ziel führt, auch wenn dies nicht unmittelbar zu erkennen ist. Ein herrliches Sinnbild für das Leben!

Neustadt ist außerdem bekannt für den vorzüglichen Aischgründer Spiegelkarpfen. Und weil man diesen Fisch hier so ungemein schätzt, hat man ihm gleich ein ganzes Museum gewidmet. In den Räumlichkeiten des Alten Schlosses wird interaktiv über Karpfenzucht und -zubereitung informiert, und die Besucher bekommen Karpfenkunst und -kuriositäten präsentiert. Bei so viel Fisch bekommt mancher Lust auf Wasser – kein Problem, denn Neustadt verfügt über ein **INSIDER TIPP** Waldbad mit Erlebnisbecken, Rutsche und MInigolfanlage!

Idyllische Ecke in Neustadt an der Aisch

gebaut. Die Baumeister waren Johann Dientzenhofer, Lucas von Hildebrand und Maximilian von Welsch. Zehn Jahre dauerte der Innenausbau mit Fresken, Spiegelkabinett und Ornamenten. Mittelpunkt der Schlossanlage ist das Treppenhaus mit einer Kaiserstiege nach Wiener Vorbild. Auch der Park, der im 19. Jahrhundert vom barocken Schlossgarten in einen englischen Landschaftspark verwandelt wurde, hat viel Flair.

Pommersfelden ist aus fränkischer Sicht ein letzter festlicher Akkord vor dem glanzvollen Finale der Würzburger Residenz. Welcher Ort könnte da passender sein für die Sommerakademie des Collegium Musicum? Nach vier Wochen intensiver Probenarbeit geben die jungen Musiker aus aller Welt im Juli und August hier Konzerte – es lohnt sich, herzukommen und Atmosphäre sowie Musik zu genießen!

> *Schloss Weissenstein,*
www.schoenborn.de/weissenstein.html
> *April-Okt. tgl. 10-17 Uhr*
> *www.collegium-musicum.info*

> *www.neustadt-aisch.de*
> *www.karpfenmuseum.de*
> *Museum: Sa. 10.30-13, So. 14-17, Di. 19-21, Mi. 14-17 Uhr, Gruppen nach Vereinbarung*
> *Waldbad: Sommer tgl. 9-20 Uhr*

■ POMMERSFELDEN ■

42 **SCHLOSS WEISSENSTEIN**

▶ Durch Park und Schloss wandeln

Das wegen seines hellen Sandsteines auch „Weißenstein" genannte Schloss Pommersfelden wurde um 1718 im Auftrag des Reichserzkanzlers und Bamberger Fürstbischofs Lothar Franz von Schönborn

Barock in Vollendung – Schloss Weißenstein

BAMBERG

43 ALTENBURG

▶ **Bamberg mal von oben betrachten**

Die Altenburg, im 12. Jahrhundert erbaut, war früher Fliehburg und Residenz des Bischofs, ehe sie von Markgraf Alcibiades von Kulmbach in Schutt und Asche gelegt wurde. Zur Zeit der Romantik wurde sie dann neu errichtet. Der Schriftsteller E. T. A. Hoffmann, der mit dem zeitweiligen Besitzer der Burg – dem Bamberger Arzt Adalbert Friedrich Marcus – befreundet war, zog sich bisweilen in die hiesigen Mauertürme zurück.

Heute hat die Altenburg nicht einen, sondern 1000 Herren: Sie gehört einem Verein, der sich um das Gemäuer kümmert und der nun schon seit fast zwei Jahrzehnten zusammen mit dem SV Bamberg den Altenburg-Bergsprint im Mai ausrichtet. Dabei laufen die Teilnehmer vom Teufelsgraben bis auf halbe Höhe zur Burg und umrunden diese, bevor sie die Ziellinie, den Burgeingang, passieren. Teilnehmen darf jeder zwischen 12 und 80 – na, Lust?

Nicht ganz so Sportliche können auf der Altenburg aber auch Kunst und Kultur genießen: An einem Freitag Ende Juli spielt

Die mächtige Altenburg

dort nämlich die „Schweinsohr Selection", auch „SOS" genannt, ihr Konzert. Diese seit 1978 bestehende Band unter der Leitung eines Uni-Professors spielt Soul-Funk, Fusion, Coverversionen und Eigenkreationen. Für Speis und Trank ist ebenfalls gesorgt. Kultig!

Doch auch, wenn gerade keine Veranstaltung stattfindet – ein Besuch hier lohnt sich. Von der Altenburg aus haben Sie einen weiten Blick auf Bamberg, das sich in seiner ganzen Schönheit vor Ihnen ausbreitet: Michaelsberg, Dom und die Hügel des „Fränkischen Roms" sind zum Greifen nahe. Bleiben Sie, bis in der Stadt die Lichter aufleuchten!

> *www.altenburgverein.de,*
www.wkm-iad.de

44 NEUE RESIDENZ BAMBERG

▶ **Drinnen wie draußen fürstliche Pracht genießen**

In der Neuen Residenz Bamberg, dem barocken Stadtschloss der ehemaligen Fürstbischöfe des Hochstifts Bamberg, sind die Wohn- und Repräsentationsräume, der Kaisersaal und das chinesische Kabinett einen ausgiebigen Besuch wert. Kunstinteressierten wird zudem die Staatsgalerie gefallen, die in den Räumlichkeiten der Neuen Residenz untergebracht ist und eine hochrangige Sammlung wertvoller altdeutscher und barocker Gemälde birgt.

Etwas unterhalb des Schlosses, im zauberhaften Rosengarten, zeigen sich reizvolle Putten, und Hunderte Blüten locken mit ihrem zarten Duft. Überaus einladend wirkt der Küchel-Pavillon. Genießen Sie doch hier Ihre Kaffeepause mit Blick auf die Altstadt und hinüber zum Kloster Michaelsberg, in dem fleißige Mönche einst

Rosengarten der Bamberger Residenz

900-jährigen Brauereitradition rühmen. Bereits im 12. Jahrhundert wurde der vor Ort produzierte Gerstensaft in ferne Länder exportiert. Und noch immer hat das Bier hier einen besonders hohen Stellenwert.

Gehen Sie auf Spurensuche: Im Rahmen einer geführten Tour spazieren Sie zu Originalstandorten ehemaliger und noch existierender Brauereien in der Altstadt und dürfen anschließend auch verschiedene Kostproben des „Bamberger Herzbluts" genießen (Anmeldung bei der Touristeninformation Bamberg, Tel. 0951/2976200). Oder Sie fahren hinauf ins Fränkische Brauereimuseum, das in den historischen Gewölben der ehemaligen Benediktiner-Braustätte auf dem Michaelsberg eingerichtet wurde. Es stellt anhand von 1400 Exponaten die Tradition der Brauer, Mälzer und Büttner dar. Wenn Sie wissen wollen, wie die flüssige Spezialität „Rauchbier" schmeckt, sollten Sie in der Dominikanerstraße einkehren: Das „Schlenkerla" lässt Bambergs wohlschmeckendste Rauchbierquelle sprudeln.

> *Fränkisches Brauereimuseum,*
Michelsberg 10f, www.brauereimuseum.de
> *April-Okt. Mi.-Fr. 13-17, Sa./So. 11-17 Uhr*
> *Historischer Brauereiausschank*
Schlenkerla, Dominikanerstr. 6,
www.schlenkerla.de
> *tgl. 9.30-22.30 Uhr*

wichtige Bücher studierten und schrieben. Vielleicht lauschen Sie auch in lauen Abendstunden einem Serenadenkonzert – der Bamberger Musiksommer macht's möglich. Sie können dabei im Garten lustwandeln wie einst zu fürstlicher Zeit.

> *Neue Residenz Bamberg, Domplatz 8,*
www.schloesser.bayern.de
> *April-Sept. tgl. 9-18, Okt.-März*
tgl. 10-16 Uhr

45 **FRÄNKISCHES BRAUEREIMUSEUM**

▶ **Sich in den Bann des Biers begeben**
Wenn man Klöster und Stifte als erste Braustätten wertet, kann sich das Bamberger Braugewerbe einer nahezu

Alte Werbeplakette im Brauereimuseum

Fachwerk an der Regnitz

BAMBERG

46 **ALTSTADT UND DOM**

▶ **UNESCO-Weltkulturerbe bestaunen**

Bamberg ist ein Bilderbuch der Architekturstile: Herz der alten Kaiser- und Bischofsstadt ist der Grüne Markt, ein langer Platz, gesäumt von barocken Bürgerhäusern und der Ende des 17. Jahrhunderts erbauten Jesuitenkirche St. Martin. Einen Akzent auf dem Platz setzt der Neptunsbrunnen (1698) von Johann Kaspar Metzner. In Bambergs einstiger Fischersiedlung, „Klein Venedig" genannt, reihen sich hingegen hübsche Fachwerkhäuser mit Balkonen, zumeist im 19. Jahrhundert gebaut, am Ufer der Regnitz aneinander. Wer mag, kann auf dem Fluss sogar eine **INSIDER TIPP** Gondelfahrt machen! Abfahrt ist jeweils am Alten Kanal unter der Oberen Brücke (telefonisch reservieren!).

Die Stadt wird überragt vom 1237 geweihten Bamberger Kaiserdom. Der romanisch-gotische Bau enthält Meisterwerke europäischer Plastik, darunter den schönsten Unbekannten der mittelalterlichen Kunst in Deutschland: den „Bamberger Reiter". Mittelpunkt des Doms ist das von Riemenschneider geschaffene Grabmal für Heinrich II. und seine Frau. Wer den Besuch interaktiv vor- oder nachbereiten möchte, kann auf der Website einen **INSIDER TIPP** „virtuellen Rundgang" durch den Dom machen. Dabei erhält man detaillierte Infos sowie spirituelle Anregungen und kann Kurzfilme anschauen. Für Kinder ist an der Kasse des Diözesanmuseums, in dem sich der Domschatz befindet, der Domführer „Rätsel um den Bamberger Dom" erhältlich – wer ihn vor dem Dombesuch erwirbt, kann gleich beginnen, das Rätsel zu lösen.

Toll ist auch das Alte Rathaus mitten in der Regnitz. Schon das Gebäude an seinem besonderen Standort ist sehenswert, aber Gäste sollten auch einen Blick ins Innere werfen: Es beherbergt die Sammlung Ludwig mit Tafelgeschirr und Tischschmuck aus den besten Porzellanmanufakturen Europas. Besucher bekommen einen Einblick in die höfische Genusskultur: Teller, Schüsseln und Terrinen in Form von Früchten und Tieren zierten die Tische. Und für neumodische Getränke wie Tee, Kaffee und Schokolade wurden eigens Gefäße kreiert. Für Kinder liegen an der Museumskasse „Forscherbögen" aus, mit denen sie das Museum spielerisch erkunden können.

> *www.bamberg.info, www.gondelfahrt. info, www.bamberger-dom.de, http:// museum.bamberg.de*

> *Domführungen: Nov.-April Mo.-Do. 10.30 u. 14, Mai-Okt. Mo.-Do. 10.30, 14 u. 15, ganzjährig Fr. u. Sa. 10.30, 14 u. 15, So. 14 u. 15 Uhr*

> *Sammlung Ludwig, Altes Brückenrathaus, Obere Brücke 1, Di.-So. 9.30-16.30 Uhr*

Die Balance halten im Kletterwald

VEILBRONN

47 **KLETTERWALD**

▶ **Nervenkitzel pur erleben**

Der Kletterwald mit seinen acht Parcours
bietet das Richtige für Groß und Klein.
Auf dem „Wichtelweg" können schon
Grundschüler klettern, die Hindernisse
des „Henkerstegs" hingegen sind deutlich kniffliger. Für Adrenalin pur sorgt der
„Rittersprung", denn hierbei lässt man
sich aus 13 m Höhe in die Tiefe fallen und
wird erst kurz vor dem Boden gebremst.
Eine Art Mini-Bungee-Sprung! Für Sicher-
heit ist selbstverständlich gesorgt, es gibt
eine kurze Sicherheitseinweisung sowie
ein modernes Sicherungssystem, durch
das das versehentliches Aushängen aller Si-
cherheitskarabiner ausgeschlossen ist.
Eine Riesengaudi!

> *Kletterwald, Veilbronn 17,*
www.proalpin-kletterwald.de
> *Öffnungszeiten variieren, s. Website*

HEROLDSBACH

48 **ERLEBNISPARK SCHLOSS THURN**

▶ **Einen bewegten Tag verbringen**

Ob Sie auf der 40 m langen Wasserbob-
bahn in die Tiefe rauschen, im Luna-Loop
die Welt Kopf stehen lassen oder sich richtig in die Kurven legen – für Abwechslung
ist hier gesorgt. Kinder lieben es, über
die Wackelbrücken zu gehen oder mit der
Western-Eisenbahn zu fahren. Auch für
Entspannung ist gesorgt, etwa auf der
INSIDER TIPP ▶ Liegewiese mit klassischer
Musik. Verschaffen Sie sich von der Schwe-
bebahn aus einen Überblick – über einen
Schlosspark mit Weihern und Tiergehegen
und über einen Freizeitpark, der keine Wün-
sche offen lässt.

> *Erlebnispark Schloss Thurn,*
Schlossplatz 4, www.schloss-thurn.de
> *April-Sept. tgl. 10-17 Uhr, in den Ferien*
und an den Wochenenden oft auch länger

Spiel und Spaß im Erlebnispark Schloss Thurn

Ausflugsboote am Dechsendorfer Weiher

Der Botanische Garten – grüne Lunge Erlangens

ERLANGEN

49 WEIHER-LANDSCHAFT

▶ Wasserspaß am Weiher

Die (Karpfen-)Weiher Ober- und Mittelfrankens sind ein beliebtes Ausflugsziel – und es gibt sie in großer Zahl! Ein beliebter Treffpunkt ist etwa der Dechsendorfer Weiher (offiziell heißt er Großer Bischofsweiher) mit seinen großzügigen Spiel- und Liegewiesen für Sonnenanbeter sowie einem Bootsverleih. Hier tummeln sich Segler, Surfer, Paddler und Ruderer. Wenn Sie lieber festen Boden unter den Füßen behalten wollen, spazieren Sie einfach rund um das Gewässer (3,8 km). Die reizvolle Uferlandschaft und die vielen Ausblicke laden dazu ein. Den besten Überblick gewährt ein kleiner Aussichtsturm.

Ein besonderes Highlight ist die jährliche Veranstaltung **INSIDER TIPP** „Klassik am See" mit Orchester, Chören und Solisten. Wer im Juli in der Gegend und an klassischer Musik interessiert ist, sollte sich unbedingt eine Karte für die Aufführung besorgen. Ob nun eine Verdi-Oper oder die „Italienische Sommernacht" ansteht – das ist ein zauberhaftes Erlebnis!

> *www.erlangen.de,*
www.klassik-am-see.com
> *Bootsverleih: Tel. 09135/2777*

50 BOTANISCHER GARTEN

▶ In die Wunderwelt der Pflanzen eintauchen

Erlangen ist eine Stadt mit wechselvoller Geschichte und hat viele Gesichter. Den Mittelpunkt bilden der alte Schlossplatz und das Anfang des 18. Jahrhunderts erbaute Schloss mit dem dazugehörigen Park. Die einst barocke Gartenanlage wurde zu einem weitläufigen englischen Garten umgestaltet. Mittendrin zeugen zwei Denkmäler von der wechselvollen Vergangenheit Erlangens: der Hugenottenbrunnen und das Reiterstandbild.

Das ganze Jahr über ein Erlebnis ist der Botanische Garten, der sich – mitten im Stadtzentrum gelegen – über etwa 2 ha entlang der Nordseite des Schlosses erstreckt. Im Freiland und in Gewächshäusern werden hier über 4000 Pflanzenarten aus verschiedenen Klimazonen und Vegetationsgebieten kultiviert. Pflanzen der Tropen sowie aus hochalpinen Regionen, Mangrovensümpfen und Bergregenwäldern beeindrucken mit Schönheit und Exotik. Man findet hier auch einen Arzneigarten, einen „hortus medicus", der den Besuchern Pflanzenheilkunde näherbringt, sowie einen **INSIDER TIPP** Aromagarten, der mit seinen Düften verzaubert. Er wird vom Botanischen Garten unterhalten, befindet sich aber ungefähr 1 km entfernt an der Ecke Palmsanlage/Martiusweg.

> *Botanischer Garten, Loschgestr. 3, www.botanischer-garten.uni-erlangen.de*
> *Freiland: tgl. 8-16, Juni-Aug. tgl. bis 17.30 Uhr; Gewächshäuser: Di.-So. 9.30-15.30 Uhr; Aromagarten: April-Okt. tgl. 7-19 Uhr*
> *Führungen: Mi. sowie 1. Sa. im Monat 15 Uhr*

51 **WALDERLEBNISZENTRUM TENNENLOHE**

▶ **Wissenswertes über den Wald erfahren – aber mit viel Spaß!**

Im Walderlebniszentrum Tennenlohe erfahren Interessierte aller Altersgruppen beispielsweise, wie die Stimmen der heimischen Tiere klingen oder wie und mit welchen Gerätschaften der Wald in früherer Zeit bewirtschaftet wurde. Wissbegierige können im Waldlabor forschen, den Naturerlebnispfad begehen (jederzeit zugänglich) und im Waldlabyrinth spielerisch den Wald erkunden. Darüber hinaus werden regelmäßige Sonderveranstaltungen angeboten, etwa GPS-Schatzsuchen oder „Sinneswanderungen" für gestresste Erwachsene (Voranmeldung erforderlich). An den Sommerwochenenden ist hier zudem das Wald-Café geöffnet, sodass fürs leibliche Wohl gesorgt ist.

> *www.aelf-fu.bayern.de*

Auf der Waldwippe gilt es, das Gleichgewicht zu halten.

Die Tretcar-Strecke des Erlebnishofs Lindenhof in Hammerbach – ein Riesenspaß!

■ HAMMERBACH ■

52 **ERLEBNISHOF LINDENHOF**

▶ **Jede Menge Spiel und Spaß für die ganze Familie**

Hier wird auf 30 000 m² gespielt, getobt, geritten und gekickt: Auf dem Lindenhof gibt es Trampolins und Riesenhüpfkissen, eine Strohburg zum Verstecksspielen, einen Wasser-Matsche-Platz (an Wechselkleidung denken!) und eine Spielwiese. Kleine Besucher werden auch den Minizoo mit Waschbären, Lamas, Ziegen und Straußen lieben, dessen Bewohner gefüttert werden dürfen. Wer mag, darf sich auch auf dem Rücken eines Ponys durch die Gegend schaukeln lassen. Der Clou für Ältere – auch für Erwachsene – sind die Tretcar-Bahn und die Slacklines. Fußballfans können in der Fußballarena gegen den Ball treten. Und wer nach so viel Action hungrig oder durstig ist, kann sich am Kiosk mit Snacks, Getränken und Eis eindecken. Da vergeht der Nachmittag wie im Flug!

> *Lindenhof, Dahlienstr. 5,*
> *www.lindenhof-erlebnishof.de*
> *Mai-Okt. Di.-So. ab 11 Uhr*

■ HERZOGENAURACH ■

53 **ATLANTIS**

▶ **Spielplatz mal ganz anders!**

Etwas ganz Besonderes erwartet Kinder zwischen sechs und 14 Jahren im Freizeitbad Atlantis: Hier steht ihnen eine interaktive Wasserspielelandschaft zur Verfügung. Kletternetze, Laufstege, diverse Rutschen, aber auch Urwaldbrücken und Kriechröhren warten darauf, ausprobiert zu werden, dazwischen finden sich Anlagen und Spielgeräte wie verschiedene Düsen, Handpumpen und -räder sowie

Wasserspielelandschaft im Atlantis

Wasserspritzkanonen, anhand derer das nasse Element – und nicht zuletzt Physik – buchstäblich begriffen werden kann.

Ältere Gäste können sich im Wellenbecken alle 30 Minuten in Schwung bringen lassen, im Sportbecken trainieren, die Black-Hole-Rutsche hinuntersausen – und die Rutschzeit dabei bis aufs Hundertstel genau ermitteln – oder in einem Reifen den „Crazy River" hinunterrauschen.

Wer es lieber ganz ruhig angehen lassen möchte, wird das warme Außenbecken, die Whirlpools und das 45 °C warme Dampfbad mögen, wo es sich wunderbar entspannen lässt. Natürlich ist auch für das leibliche Wohl der Badegäste gesorgt: Die drei hauseigenen Restaurants sind bei Hunger und Durst genau die richtigen Anlaufstellen. Genießen Sie mit Ihrer Familie einen außergewöhnlich erlebnisreichen Tag im klaren Nass!

> *Atlantis, Würzburger Str. 35, www.atlantis-bad.de*

> *tgl. 10-22, Sauna bis 23 Uhr*

■ NÜRNBERG ■

54 **ALBRECHT-DÜRER-HAUS**

▶ **Aus erster Hand erfahren, wie Dürer lebte und arbeitete**

Albrecht Dürer, der bedeutendste deutsche Maler und Zeichner seiner Zeit, lebte und arbeitete von 1509 bis zu seinem Tod im Jahr 1528 im heute weitestgehend original erhaltenen Dürer-Haus. Das vierstöckige Museum widmet sich dem Künstler mit all seinen Facetten. Man bekommt nicht nur Einblicke in Leben und Werk Dürers, sondern auch in den Alltag in der Zeit der Renaissance. Darüber hinaus werden in einer Malerwerkstatt aus der Dürer-Zeit künstlerische Techniken demonstriert. In dem kleinen Kabinett gleich gegenüber steht eine große Hochdruckpresse, die für die Vervielfältigung der Holzschnitte gedacht war. Hier dürfen Besucher selbst Hand anlegen – und das druckfrische Ergebnis mit nach Hause nehmen.

Einen Überblick über Dürers künstlerische Entwicklung bietet die digitale Zusammenstellung repräsentativer Werke aus seinen 43 Schaffensjahren. Wenn Sie Glück haben, werden Sie von Dürers Ehefrau geführt: In historischer Hausfrauenrobe mit Schlüsselbund am Rock führt „Agnes Dürer" durch das Dürer-Haus und plaudert aus dem Nähkästchen. Sie erfahren Details aus dem Künstlerhaushalt, über ihren Umgang mit Geld, über illustre Gäste – und von der nicht immer einfachen Beziehung zwischen Albrecht und Agnes Dürer.

> *Albrecht-Dürer-Haus, Albrecht-Dürer-Str. 39, www.museen.nuernberg.de*

> *Di., Mi. u. Fr. 10-17, Do. 10-20, Sa./So. 10-18 Uhr, Juli-Sept. u. Dez. auch Mo.*

Albrecht-Dürer-Haus

Die Kaiserburg in Nürnberg

NÜRNBERG

55 **KAISERBURG**

▶ **Einen Besuch bei „Kaisers" machen**

Die Nürnberger Kaiserburg war schon immer ein beliebter Treffpunkt: Im Mittelalter wurden hier die meisten Reichs- und Hoftage abgehalten, und alle Kaiser des Heiligen Römischen Reiches weilten hier – von 1050 bis 1571. 1424 kamen auch die Kroninsignien und die Reichsheiligtümer in die „Noris", die heimliche Hauptstadt des Reiches. Heute befinden sie sich in der Wiener Hofburg.

Bei einem Rundgang durch die Ausstellung im Inneren der Kaiserburg lassen lebendige Inszenierungen am Ort des Geschehens Geschichte begreifbar werden. Das Herzstück der Burg ist aber die Kaiserkapelle. Die Kirche hat zwei Geschosse: Das obere war für den Kaiser bestimmt, das untere für sein Gefolge.

Besonders sehenswert ist auch der Tiefe Brunnen im Zentrum der Vorburg. Durch ihn war einst die Wasserversorgung sichergestellt. Heute kann man per Kamera verfolgen, wie tief der Schacht in den Felsen getrieben wurde (fast 50 m). Die Führung macht seine Bedeutung ebenfalls eindrucksvoll deutlich.

> *www.kaiserburg-nuernberg.de*
> *April-Sept. tgl. 9-18, Okt.-März tgl. 10-16 Uhr*

56 **SPIELZEUGMUSEUM**

▶ **Das Museum spielend erkunden**

Nürnberg und das Spielzeug – das ist schon seit dem Mittelalter eine feste Verbindung. Zunächst waren es die „Dockenmacher", die Puppen aus Ton und Holz fertigten; später stand die Stadt für Zinnfigurenherstellung und war Sitz vieler Blechspielzeugfabrikanten. Heute ist Nürnberg berühmt für die weltweit bedeutendste Spielwarenmesse – und für das hiesige Spielzeugmuseum.

Im Herzen der Innenstadt findet man hier Holzspielzeug, Puppen, optische Spielereien und eine große Sammlung von Blechspielzeug und technischen Spielgeräten. Im Obergeschoss lockt der bunte Reichtum der Nachkriegszeit: Barbie, Lego und Playmobil, Bobby-Car, Modelleisenbahnen und Fantasie-Figuren. Und natürlich können kleine Besucher im Kinderbereich nach Herzenslust spielen. An den Wochenenden finden oft pädagogisch betreute **INSIDER TIPP** Mitmachaktionen statt, etwa unter dem Motto „Alles dreht sich" oder „Sockenmonster".

> *Spielzeugmuseum, Karlstr. 13-15, www.museen.nuernberg.de*
> *Di.-Fr. 10-17, Sa./So. bis 18, Dez. zusätzl. Mo. 10-17 Uhr*

Im Nürnberger Spielzeugmuseum dreht sich alles um das Kulturgut Spielzeug.

57 HANDWERKERHOF

▶ Fleißigen Handwerkern über die Schulter schauen

In keiner deutschen Stadt ist das Handwerk zu solcher Blüte gelangt wie in Nürnberg. 1363 waren im Handwerkerverzeichnis der Stadt 1200 Meister für rund 50 verschiedene Handwerke aufgeführt. Erfindungen wie der Globus, das Gewehrfeuerschloss oder die Taschenuhr, zunächst „Nürnberg Ei" genannt, wurden hier erdacht. Im Handwerkerhof am Königstor, gleich gegenüber vom Hauptbahnhof, lebt diese Tradition fort. Sie können im ehemaligen Waffenhof der Reichsstadt, der heute enge Gässchen und kleine Fachwerkhäuschen beherbergt, dem Puppenmacher, dem Holzschneider, dem Zinngießer, dem Täschner und dem Lebküchner über die Schulter schauen, zwischendurch die berühmten Bratwürste genießen – und kaufen, was die Nürnberger Meister und ihre Gesellen zu fertigen verstehen. Schönere Souvenirs müssen Sie erst einmal finden! Gelegentlich werden auch Trachtenschauen veranstaltet.

> Handwerkerhof Nürnberg, Am Königstor, www.handwerkerhof.de
> Hof: März-Dez. Mo.-Sa. 9-22 Uhr; Geschäfte: Mo.-Fr. 10-18.30, Sa. 10-16 Uhr

Historischer Briefkasten im Handwerkerhof

58 **DB MUSEUM UND MUSEUM FÜR KOMMUNIKATION**

▶ **Adler und ICE: Eisenbahngeschichte zum Anfassen**

Im Jahr 1835 fauchte die erste deutsche Eisenbahn mit knapp 20 km/h von Nürnberg nach Fürth. Wer als Kind davon geträumt hat, Lokführer zu werden, sollte einen fahrplanmäßigen Halt im DB Museum einlegen. Aus nächster Nähe kann man eine Replik des legendären „Adlers" bewundern. Unter den historischen Fahrzeugen befindet sich auch eine „Legende der Schiene": der Wagen aus dem Salonzug des bayerischen Königs Ludwig II. Zu sehen sind ferner schnittige Dampfloks und ein moderner ICE.

Außerdem wurde mit dem KIBALA (Kinder-Bahnland) ein „Museum zum Anfassen" mit interaktiven Ausstellungen und Mitmachstationen geschaffen. Ob sie nun selbst eine Berg-und-Talbahn steuern oder sich verkleiden und Schaffner spielen möchten, junge Besucher werden begeistert sein! Und wenn man selbst die Kohle für die Lok schippt oder im Fahrsimulator sitzt, erlebt man das Phänomen Eisenbahn wirklich hautnah. Weil an jeder Station Mitmachzettel verteilt werden, die sich nach der Museumstour zu einem Katalog binden lassen, kann auch eine Erinnerung mit nach Hause genommen werden.

> DB Museum und Museum für Kommunikation, Lessingstr. 6, www.mfk-nuernberg.de
> Di.-Fr. 9-17, Sa./So. 10-18 Uhr

59 **PLANETARIUM**

▶ **Sich am Sternenhimmel orientieren lernen**

Die blitzenden Sterne am Firmament lösen schon seit Menschengedenken bei uns Erdenbewohnern große Faszination aus. Planetarien holen Planeten, Sterne und weit entfernte Galaxien ganz nah

Lok-Oldtimer im DB Museum

Der Projektor zaubert Sterne an den „Himmel".

![Das Erfahrungsfeld zur Entfaltung der Sinne wartet jede Saison mit neuen Highlights auf.]

Das Erfahrungsfeld zur Entfaltung der Sinne wartet jede Saison mit neuen Highlights auf.

heran, sodass die staunenden Besucher einen neugierigen Blick in fremde Gefilde werfen können.

Angeboten werden verschiedene kommentierte Vorführungen – „Der Stoff, der von den Sternen kam", „Zeitreise – vom Urknall zum Menschen" etc. –, Vorträge und Konzerte rund ums Thema Weltraum. Sogar Perry-Rhodan-Hörspiele sind gelegentlich im Programm. Auch für Kinder findet sich das Richtige, etwa die Fulldome-Show „Peterchens Mondfahrt". Gelegentlich werden **INSIDER TIPP** Kurse wie „Orientierung am Sternenhimmel" veranstaltet: Dabei wird zunächst Grundwissen zur Sternkunde vermittelt, danach basteln die Kinder ohne großen Materialaufwand eine drehbare Sternkarte – und lernen, wie man sie benutzt.

> Planetarium, Am Plärrer 41, www.naa.net
> Programm s. Website

60 ERFAHRUNGSFELD ZUR ENTFALTUNG DER SINNE

▶ **Forscherdrang entwickeln**

Hier steht in jeder Saison ein anderes Thema im Mittelpunkt, immer jedoch dürfen – und sollen – kleine und große Besucher bei Experimenten und Spielen selbst Hand anlegen und so ihre eigenen Sinneswahrnehmungen sowie die Gesetze der Natur näher kennenlernen. Viele verschiedene Stationen im Grünen laden zum Entdecken, Forschen und Staunen ein; zudem gibt es ein buntes Rahmenprogramm (s. Website) und häufig Werkstätten. Zu den beliebtesten Attraktionen gehört das Dunkelcafé.

> Wöhrder Wiese, www.erfahrungsfeld.nuernberg.de
> Mai-Mitte Sept. Mo.-Fr. 9-18, Sa. 13-18, So. 10-18 Uhr, in den Ferien gesonderte Öffnungszeiten

Hier wird geklettert: Spielparadies Tucherland

NÜRNBERG

61 **TUCHERLAND**

▶ **Sich bei jedem Wetter so richtig austoben**

Das Tucherland ist zwar ein Indoorspielplatz, besitzt aber auch einen riesigen Außenbereich. Da spielt das Wetter keine Rolle mehr! Wenn es schön ist, locken Naturbadeseen mit Sandstrand, die Seilrutsche „Flying Tatz", Beach-Fußball und die Schafe im Streichelzoo. Außerdem können junge Rennfahrer in Elektro-Karts auf einem realitätsnah gestalteten Verkehrsübungsplatz zeigen, wie gut sie im Straßenverkehr zurechtkommen – ab einem Alter von acht Jahren dürfen sie sogar die Prüfung zum Tucherland-Führerschein ablegen. Bei schlechtem Wetter geht es an die Erlebnisklettergerüste, die

Rutschen hinunter, auf die Trampoline oder ins Bällebad mit Ballriesenkanone und automatischer Balldusche. Wer mag, kann auch an den Kletterwänden Routen steigen oder einen 40 m langen Parcours im Hochseilgarten absolvieren. Das ist für Erwachsene ebenso spannend! Für die ganz Kleinen stehen im Kleinkindbereich z. B. eine Minieisenbahn und ein Karussell zur Verfügung. Mehr Bewegung, Spiel und Spaß geht nicht!

Tiergeschichten im Zoo

> Tucherland, Marienbergstr. 102,
www.tucherland.de
> Mo.-Fr. 14-19, Sa./So. u. Ferien 10-19 Uhr

62 **TIERGARTEN NÜRNBERG**

▶ **Tierisch schöne Stunden verbringen**

Nürnbergs Tiergarten beeindruckt sowohl durch Tiere als auch durch die Landschaftsgestaltung. Geprägt ist er von stillgelegten Steinbrüchen, alten Bäumen und eigens angelegten Auen und Weihern. Bewohnt werden diese Landschaften von diversen Tatzen-, Huf-, Flossen- und Flügelträgern. Höhepunkte bilden die Delfinlagune, die über das erste Delfin-Außenbecken Deutschlands verfügt, das Manatihaus, in dem die faszinierenden Seekühe zu Hause sind, und der Aquapark, in dem Otter (Fütterung 14.15 Uhr), Pinguine (14.45 Uhr) und Eisbären (13.45 Uhr) eine Heimat gefunden haben. Auch einen Streichelzoo gibt es – hier dürfen Besucher die Tiere sogar selbst füttern. Im Besucherzentrum ist das **INSIDER TIPP** Bionicum untergebracht, dessen interaktive Ausstellung Interessierten die Bionik in acht Themenbereichen näherbringt.

> Am Tiergarten 30,
www.tiergarten.nuernberg.de
> tgl. 8-19.30 Uhr

ZIRNDORF

63 **PLAYMOBIL-FUNPARK**

▶ **Kleine Leute ganz groß erleben**

Spielen heißt erleben – und das steht beim Erlebnisspielplatz Playmobil-Fun-Park natürlich an erster Stelle. In der Welt von Playmobil sind Kinder mitten

Leuchtende Kinderaugen im Playmobil-FunPark

im Geschehen: Ob sie sich als Piratenkapitäne durch die Wanten eines riesigen Flaggschiffes hangeln, ob sie als Eingeborenen-Häuptlinge die Dschungelruine verteidigen, in der Goldmine nach Nuggets schürfen oder ob sie im Wasserkanal einen Rettungskreuzer kommandieren: Kinder sind hier die Hauptdarsteller. Außerdem kann auf vielen Spielflächen im FunPark nach Herzenslust gematscht und geplanscht werden. Mutige erobern mit dem Floß die Robinsoninsel oder tummeln sich unterhalb des Wasserfalls – Abenteuer pur! Wenn einmal das Wetter nicht ganz so freundlich ist, sorgt der Park dennoch für Spiel und Spaß: In den Innenspielbereichen entstehen hübsche Puppenhäuser und riesige Burgen – absolut faszinierende Spielwelten.

> Playmobil-FunPark, Brandstädter Str. 2-10, www.playmobil-funpark.de
> Nov.-März tgl. 10-18, April u. Mitte Sept.-Okt. tgl. 9-18, Mai-Mitte Sept. tgl. 9-19 Uhr

Mit der Kutsche geht es durch Mittelfranken.

LANGENZENN

64 **KUTSCHFAHRTEN**

▶ Mit 2 PS das Land „erfahren"

Warum immer im Sauseschritt oder mit dem Auto unterwegs sein? Wie schön eine geruhsame Fahrt mit nur zwei Pferdestärken sein kann, merkt man schnell, wenn die beiden Zugpferde Happy und Hippo sich mit viel Hufgeklapper in Bewegung setzen. Über stille Wald- und Feldwege, Nebenstraßen und über Stock und Stein leitet die erfahrene Kutscherin die starken Vierbeiner. Und wenn Sie nichts dagegen haben, bekommen Sie sogar Begleitschutz: Die beiden Hofhunde sind begeistert, wenn sie zur Kutschfahrt mitgenommen werden! Zur Fahrt durch die schöne mittelfränkische Landschaft stehen mehrere Fuhrwerke bereit: Für eine Ausfahrt ins Gelände ist die sportive Wagonette die richtige Wahl, die bis zu vier Erwachsene befördern kann. Eleganter ist die Mylord, die bis zu sechs Personen viel Fahrkomfort bietet. Aber für welches Gespann Sie sich auch entscheiden: Die Fahrt ist ein Erlebnis!

> *Kutschfahrten Susanne Körner, Wallensteinstr. 6, Tel. 09101/536933, www.fuhrwerk-kutschfahrten.de*

DIETENHOFEN

65 **MINIATUR-ERLEBNISWELT**

▶ Ein Paradies für große und kleine Eisenbahnfans

Für viele ist es ein Kindheitstraum, den sich der Betreiber der Miniatur-Erlebniswelt erfüllt hat: Er hat eine riesige Modelleisenbahnanlage in N-Spur geschaffen. Besucher können sich die liebevoll gestalteten Fantasielandschaften mit Bahnbetriebswerk, Flughafen, Raffinerie und Stadtbahnhof ansehen und miterleben, wie es dort Nacht wird und die Lichter aufflammen. Für Kinder gibt es einen Spielbereich. Wer mag, kann auch Rat

zur eigenen Modellanlage einholen oder eines der regelmäßig stattfindenden Modellbauseminare (s. Website) besuchen.
> *Miniatur-Erlebniswelt, Langenzenner Str. 10, www.miniatur-erlebniswelt.de*
> *Sa./So. 10-18 Uhr, jeweils letzter Sa./So. im Monat geschlossen*

ANSBACH

66 **RESIDENZ UND HOFGARTEN**

▶ Die glanzvolle Residenz mitten in der Stadt bewundern

Noch immer prägt die Fassade der Residenz das Ansbacher Stadtbild ganz entscheidend. Eine perfekte Szenerie für die jährlichen Rokoko-Festspiele, zu denen das Markgrafenpaar die Gäste begrüßt. Außerdem bildet sie den stilvollen Rahmen für klassische Konzerte.

In der Residenz selbst, die eine über 500-jährige Baugeschichte hat, zeugen zahlreiche Prunkräume von einer glanzvollen Vergangenheit: Seit dem 18. Jahrhundert zeigt sich die Pracht des original erhaltenen Mobiliars, verzaubern die Eleganz des Festsaals, das Verwirrspiel des Spiegelkabinetts und die 2800 Fayencefliesen im Kachelsaal. Bei einer Führung kann man auch einen Blick in die Gemächer des Markgrafen und seiner Gattin werfen. Außerdem beherbergt das Schloss eine Zweigstelle der Bayerischen Staatsgemäldesammlung, die Rokoko-Gemälde präsentiert.

Aber nicht nur drinnen, auch draußen gibt es allerhand zu sehen: Noch heute ist die Orangerie architektonischer Mittelpunkt des Hofgartens. Im Sommer mutet es hier nahezu mediterran an – mit Zitrus-, Oliven- und Erdbeerbäumen. Symmetrisch geformte Blumenrabatten und Rasenflä-

Zug en Miniatur

Kunstvoller Garten der Ansbacher Residenz

chen im französischen Stil wechseln sich ab mit reizvollen englischen Elementen. Außerdem spendet ein etwa 250 Jahre alter Lindendom Spaziergängern wohltuenden Schatten.
> *Residenz und Hofgarten Ansbach, Promenade 27, www.schloesser.bayern.de*
> *Residenz: April-Sept. Di.-So. 9-18, Okt.-März Di.-So. 10-16 Uhr; Führungen: stündlich; Hofgarten: Dez. u. Jan. tgl. 7.15-17, Feb., März, Okt. u. Nov. tgl. 7.15-18, April-Sept. tgl. 7.15-21 Uhr*

Besondere Erzeugnisse direkt vom Hof:
Der Einkauf bei Biobauern und ausgesuchten Läden überrascht
durch seine Vielfalt.

WALDBRUNN

1 WEINWERKSTATT SCHUBERT

Waldbrunn mag selbst keine Weinbaugemeinde sein und noch nicht einmal einen Weinberg haben – und doch gibt es hier einen Weinbauern. Die Anbauflächen im Badischen sind zugepachtet. Alle Weine, u. a. Silvaner, Müller-Thurgau und Merlot, werden in der Kelterhalle der WeinWerkstatt ausgebaut. Neben dem Weinverkauf betreibt der Hof auch gelegentlich eine Häckerwirtschaft.

> *Röntgenstr. 3a, 97295 Waldbrunn,*
Tel. 09306/8858
> *www.die-weinwerkstatt.de*
> *Weinverkauf: Mi. u. Fr. 17-19, Sa. 10-14*
Uhr; Häckerwirtschaft: auf Anfrage

ESTENFELD

2 GEFLÜGELHOF MAHLER

Geflügel aller Art bekommt man bei Michael Mahler im Estenfelder Ortsteil Mühlhausen: Hühner, Enten, Gänse und sogar Perlhühner, frisch und bratfertig hergerichtet. Darüber hinaus sind Eier (von Hühnern in Bodenhaltung mit Auslauf), 20 Sorten Nudeln, Geflügelwurst, aber auch Honig, Säfte und Brände erhältlich. Mit einem Stand ist der Hof auch auf dem Würzburger Bauernmarkt vertreten.

> *Stadtweg 6, 97230 Mühlhausen bei*
Estenfeld, Tel. 09367/1499
> *www.gefluegelhof-mahler.*
franken-regio.de
> *Markstand an der Marienkapelle*
Würzburg: Di. u. Fr. 14-18 Uhr

WINTERHAUSEN

3 IMKEREI RICHTER

Zu der winzigen Hobbyimkerei, die seit 1999 besteht, gehören mittlerweile 20 Bienenvölker. Diese erzeugen Honig, den Familie Richter in den Varianten „Blütenhonig, cremig" und „Sommerblüte" verkauft. In der Adventszeit sind auch selbst gezogene Kerzen aus 100 % Bienenwachs erhältlich.

> *Bucksweg 9, 97286 Winterhausen,*
Tel. 09333/902460
> *www.imkerei-richter.de*
> *Verkauf nach telefonischer Vereinbarung*

Hofläden & Direktvermarkter

■ BAD MERGENTHEIM ■■■■■■■■

4 **WEINGUT BRAUN**

Seit Generationen schon bewirtschaftet die Familie die Markelsheimer Weinberglagen im idyllischen Taubertal; das eigene Gut mit Direktvermarktung gibt es seit 2010. Angebaut werden Weiß- und Rotweine und als Spezialität Tauberschwarz, eine sehr alte regionale Sorte, die von „Slow Food" in die „Arche des Geschmacks" aufgenommen wurde. Wer mag, kann in der zugehörigen Weinstube einkehren.

> *Scheuerntorstr. 20, 97980 Bad Mergentheim, Tel. 07931/9927150*
> *www.weingut-braun-markelsheim.de*
> *Mo.-Fr. 9-18, Sa. 9-16 Uhr und nach Vereinbarung*

■ CREGLINGEN ■■■■■■■■■■■■

5 **RUPPS HOFLADEN**

Hier gibt es Traditionelles aus dem Hohenloher Land: In Rupps Hofladen bekommt man neben Fruchtaufstrichen und leckeren Desserts viele verschiedene Backwaren aus regionalen Zutaten, beispielsweise diverse Sorten Brot, Hefe- und Schmalzgebäck, Kuchen und Torten sowie Klassiker der fränkischen Landfrauenbäckerei wie Schneeballen und Zimtrollen.

> *Weiler 4, 97993 Creglingen, Tel. 07939/551*
> *www.rupp-hofladen.de*
> *Verkauf nach telefonischer Vereinbarung*

■ DETTELBACH ■■■■■■■■■■

6 **KREUTERMEISTEREY**

Wer ein Händchen fürs Gärtnern hat und besondere Kräuter und Heilpflanzen anbauen möchte, wird vielleicht in dieser kleinen Raritätengärtnerei fündig, in der Gewürze, Kräuter aus aller Welt, Räucher- und Arzneipflanzen gezüchtet und angeboten werden.

> *Kreuzgasse 1, 97337 Dettelbach, Tel. 09324/981609*
> *www.kreutermeisterey.de*
> *Fr. 16-19, Sa. 10-18 Uhr und nach Vereinbarung*

■ VOLKACH ■■■■■■■■■■■■■■

7 **FISCHZUCHT GERSTNER**

Ob lebend (auch als Satzfische) oder schon küchenfertig – hier sind Forellen, Saiblinge, Karpfen, Hechte, Aale u. v. m. erhältlich, die in Quellwasser bzw. möglichst naturnah aufgewachsen sind. Räucherfisch gibt es ebenfalls.

> *Im Seegrund 1, 97332 Volkach, Tel. 09381/1079*
> *www.fischzucht-gerstner.de*
> *Mo.-Fr. 8-12 u. 13-18, Sa. 8-13 Uhr*

■ ABTSWIND ■■■■■■■■■■■■■

8 **SCHWANFELDER ÖLKERNPRODUKTE**

Schon einmal Traubenkernnudeln gekostet? Ein Traubenkernkissen gefällig? Wer schon einmal da ist, kann sich auch gleich mit hochwertigem Speiseöl eindecken.

> *Hauptstr. 24, 97355 Abtswind, Tel. 09383/7630*
> *www.oelkernprodukte.de*
> *Fr. 16-18, Sa. 11-14 Uhr und nach Vereinbarung*

■ GEISELWIND ■■■■■■■■■■■

9 **KANINCHEN- UND GEFLÜGELHOF HUSCHER**

Artgerechte (Freiland-) Haltung sowohl der Kaninchen als auch der Hühner, Enten und Puten aus eigener Zucht wird hier großgeschrieben. Familie Huscher verkauft Eier, diverse Geflügelprodukte vom Puter bis zum Rollbraten sowie Kaninchen, ganz oder in Teilen. Der Hof liegt im Ortsteil Rehweiler.

> *Haus Nr. 18, 96160 Geiselwing-Rehweiler, Tel. 09556/845*
> *www.gefluegelhof-huscher.de*
> *Do. 15-17 Uhr und nach Vereinbarung*

10 SCHALLERHOF

Fisch oder Fleisch? Diese Frage stellt sich hier nicht: Bei Rudolf Schaller gibt es beides zu kaufen – Frisches aus dem Wasser und von der Weide, nämlich Forellen (ganz, geräuchert oder als Filet) oder aber Damwild aus seiner großen Herde, auf Wunsch wird auch vakuumiert.

> *Haag 38, 96160 Geiselwind, Tel. 09556/1483*
> *www.schallerhof.de*
> *Verkauf nach telefonischer Vereinbarung*

■ WILLANZHEIM ■

11 HOFKÄSEREI BRUNNER

Calendulakäse mit Fenchel, Ziegenlaibchen, Walnusskäse oder Joghurt aus Ziegenmilch – solche mit äußerster Sorgfalt erzeugte Spezialitäten aus Kuh- und Ziegenmilch bietet die Hofkäserei Brunner an. Selbstverständlich sind sämtliche Käsesorten vor Ort und aus 100 % Vollmilch hergestellt – und alles ist superfrisch. Eine weitere Verkaufsstelle findet sich in Fichtelberg-Neubau; auch auf den Bauernmärkten in Würzburg und Kitzingen ist ein Stand der Brunners zu finden (Markttage s. Website).

> *Markt Herrnsheim 103, 97348 Willanzheim, Tel. 09326/9799900*
> *www.hofkaeserei-brunner.de*
> *Fr. 16-18.30 Uhr*

■ BAD WINDSHEIM ■

12 DER KLEINE MÜHLENLADEN

Wer möchte, kann sich hier selbst einmal anschauen, wie Getreide zu Mehl gemahlen wird – und darüber hinaus kann man im kleinen Mühlenladen viele verschiedene Getreideprodukte kaufen, beispielsweise Backmischungen, Hausmachernudeln und Müsli.

> *Linkenmühle 1, 91438 Bad Windsheim, Tel. 09841/2284*
> *Mo.-Fr. 8-18, Sa. 8-13 Uhr*

■ LEUTERSHAUSEN ■

13 ZIEGENALARM

Besondere Kreationen wie Lavendelbert (Camembert aus Ziegenmilch mit Lavendelblüten) oder Fritzie (Ziegenfrischkäse in den Sorten Chili, Zitrone, Basilikum etc.) bekommt man auf dem kleinen Hof der Familie Scholl. Die Ziegen hier wachsen muttergebunden auf und werden später mit Futter aus der Region ver-

Hofläden & Direktvermarkter

sorgt – wenn sie nicht gerade ohnehin auf der Weide grasen. Das schmeckt man einfach am Käse!

> Ansbacher Str. 20, 91578 Leutershausen, Tel. 09823/926176
> www.ziegenalarm.de
> Mo.-Sa. 11-20 Uhr

UEHLFELD

14 **AISCHTALER MEERRETTICH**

Vom größten Meerrettichanbaugebiet Deutschlands direkt auf den Tisch: Hier sind die brennend scharfen Wurzeln sowohl als frische Ware als auch in verarbeiteter Form, beispielsweise als Sahne-Meerrettich oder Dill-Senf-Creme, erhältlich.

> Aischtalweg 2, 91486 Uehlfeld, Tel. 09163/671
> www.meerrettich-lutz.de
> Mo.-Fr. 8-12, 13-17.30, Sa. 8-12.30 Uhr

PUSCHENDORF

15 **ZACHERHOF**

Herzhaft, dabei aber außerordentlich zart und mit feinfasriger Struktur – das Fleisch des Angus-Rinds ist etwas Besonderes. Auf dem Zacherhof wachsen die Tiere im Herdenverband mit ausreichend Auslauf auf.

> In der Reit 1, 90617 Puschendorf, Tel. 09101/8571
> www.zacherhof.com
> Verkaufstermine: siehe Website

ERLANGEN

16 **HUCKEPACK ERLEBNISERNTEN**

Dieses Konzept ist besonders für Kinder toll: Hier bekommt man nicht nur Frisches direkt vom Feld, sondern man kann es

auch gleich noch selbst ernten! Außerdem hält der Hofladen verarbeitete eigene Produkte bereit, etwa Marmelade und jede Menge Eingewecktes.

> Talblick 13, 91056 Erlangen-Hüttendorf, Tel. 0911/762570
> www.huckepack-ernte.de
> Feld: Di.-So. 10-19; Hofladen: Fr. 10-18, Sa. 9.30-14 Uhr

OBERASBACH

17 **KUHLE MILCH**

Auf dem Bauernhof der Familie Kleinlein leben ungefähr 50 Milchkühe, deren Milch auch über einen Automaten verkauft wird. Hier können sich Besucher also selbst tagesfrische Milch in mitgebrachte (oder vor Ort gekaufte) Gefäße zapfen – so kommt sie ganz unverarbeitet auf den heimischen Tisch.

> Leichendorfer Str. 101, 90522 Oberasbach, Tel. 0911/692330
> www.kuhle-milch.de
> Milchautomat: tgl. 6-21 Uhr

Urige und gemütliche Oasen laden ein:
Die schönsten Biergärten und Ausflugslokale
rund um Nürnberg, Würzburg und im Steigerwald.

■ WEIKERSHEIM ■

2 **KLOSTERHOF**

Das familiengeführte, auch bei Motorradfahrern beliebte Gasthaus liegt direkt an der Romantischen Straße zwischen Weikersheim und Röttingen. Es werden Produkte aus der Region verarbeitet. Einladend ist die überdachte Terrasse mit 50 Sitzplätzen.

> *Klosterhof 1, 97990 Weikersheim,*
> *Tel. 07934/993550*
> *www.klosterhof-schaeftersheim.de*

■ MULFINGEN ■

3 **JAGSTMÜHLE**

Das Ambiente der romantischen Mühle spricht für sich. Früher mahlte man hier das Korn der Landwirte aus der Umgebung – und heute fungiert sie mit ihrem überaus urigen Ambiente als einladendes Restaurant.

> *Jagstmühlenweg 10, 74673 Mulfingen-Heimhausen, Tel. 07938/90300*
> *www.jagstmuehle.de*

■ WÜRZBURG ■

1 **BIERGARTEN AM ZOLLHAUS**

Sympathische Biergarten-Atmosphäre auf über 1000 m². Große Karte mit Salaten, Schnitzelvariationen und Pizza. Unbedingt ausprobieren: Steckerlfisch mit Baguette und Salat (nur freitags)! Die kleinen Gäste vertreiben sich auf dem großen Spielplatz eventuell aufkommende Langeweile.

> *Mergentheimer Str. 19,*
> *97082 Würzburg, Tel. 0931/781223*
> *www.zollhaus-wuerzburg.de*

■ ROTHENBURG O. D. TAUBER ■

4 **GASTHOF RÖDERTOR**

Erdäpfel in allen Varianten – und natürlich aus regionalem Anbau – kommen in der „Rothenburger Kartoffelstube" auf den Tisch. Wer es deftiger mag, probiert die Fränkischen Bratwürste, die knusprige Schweinshaxe oder ein saftiges Steak. Mitglied im „Regionalbuffet".

Biergärten & Ausflugslokale

> Ansbacher Str. 7, 91541 Rothenburg
o. d. Tauber, Tel. 09861/2022
> www.roedertor.com

KITZINGEN

5 ESBACH-HOF

Mitten in der Kitzinger Altstadt betreibt die Gastronomenfamilie Schenk dieses gut besuchte Lokal. Die gemütlichen Gasträume bilden den passenden Rahmen für die fränkischen Spezialitäten. Eine idyllische Sommerterrasse ist vorhanden.
> Repperndorfer Str. 3, 97318 Kitzingen, Tel. 09321/220900
> www.esbachhof.de

VOLKACH

6 BRAUSCHÄNKE FRIEDRICH DÜLL

Traditionsbetrieb mit typisch bayerischem Biergarten, in dem der Verzehr von mitgebrachten Speisen sogar erwünscht ist. Für die Getränke sorgt aber die hauseigene Brauerei.
> Landstr. 4-8, 97332 Volkach-Krautheim, Tel. 09381/71089410
> www.krautheimer.com

WIESENTHEID

7 LANDGASTHOF ZUR BRÜCKE

Schön gelegener Gasthof mit liebevoll dekorierten Gaststuben und Biergarten hinter und neben dem Steinhaus. Die etwas andere Küche des Patrons ist ambitioniert, kreativ und saisonal ausgerichtet. Neben Düll-Bier gibt es auch Wein vom Familienweingut Martin Fischer.
> Marienplatz 2, 97353 Wiesentheid, Tel. 09383/99949
> www.landgasthof-zur-bruecke.de

NEUSTADT A. D. AISCH

8 KOHLENMÜHLE

Die ehemalige Getreidemühle ist heute eine Gasthausbrauerei mit urig-rustikalem Charme. Serviert werden schmackhaft zubereitete fränkische Gerichte und hausgebrautes Landbier.
> Bamberger Str. 53, 91413 Neustadt/Aisch, Tel. 09161/662270
> www.kohlenmuehle.de

BAD WINDSHEIM

9 GASTHAUS GOLDENES KREUZ

Fränkisches Gasthaus, das bereits 1516 urkundlich erwähnt wurde. Sehr gemütlich sitzt man im Gastraum oder im Biergarten. Fränkische Hausmannskost und verschiedene Weine aus der Umgebung.
> Ickelheimer Hauptstr. 34, 91438 Bad Windsheim, Tel. 09841/2848
> www.goldenes-kreuz-ickelheim.de

BURGBERNHEIM

10 LANGSKELLER

Schön gelegene Sommerwirtschaft und beliebtes Ausflugsziel an der Felsenkellerstraße. Hier fühlt man sich richtig wohl. Verschiedene Vesper, Kaffee und Kuchen. Nur bei schönem Wetter geöffnet.
> Felsenkellerstr., 91593 Burgbernheim, Tel. 09843/95920
> www.langskeller-biergarten.de

ANSBACH

11 GASTHAUS KAMMERFORST

Im großen Wiesenbiergarten verweilt man sommers herrlich unter den alten Bäumen; wenn das Wetter nicht mitspielt, kann man es sich in der Gaststube mit traulichem Ambiete gemütlich machen.

> Grüber Str. 21, 91522 Ansbach,
> Tel. 0981/48777512
> www.gasthaus-kammerforst.de

HEILSBRONN

12 GASTHOF SCHÖNAU

Bis in den Herbst hinein lassen sich gesellige Stunden im hübschen Biergarten zubringen. Die deftigen Schmankerl, der See, die Möglichkeiten zum Ponyreiten und der Spielplatz ziehen große und kleine Besucher hierher.

> Neuendettelsauer Str. 38,
> 91560 Heilsbronn, Tel. 09872/957877
> www.gasthof-schoenau.de

CADOLZBURG

13 SCHLOSS-GASTSTÄTTE DEBERNDORF

Ein schöner Wanderweg führt vom Cadolzburger Sportplatz durch den Wald am Dillenberg bis zur Schlossgaststätte, die sich im alten Wirtschaftsgebäude des ehemaligen Schlosses befindet (ca. 40 Minuten zu Fuß, wenn man dem gelben Wegweiser folgt). Auf die Tische kommt hier fränkische Küche.

> Freiherr-von-Diemar-Str. 3,
> 90556 Cadolzburg, Tel. 09103/8751
> www.schlossgaststaette-deberndorf.de

SCHLÜSSELFELD

14 LANDGASTHOF STERNBRÄU

Urgemütlich eingerichtete Gaststuben laden hier zum Verweilen ein. Auf der Speisekarte finden Sie internationale und fränkische Gerichte. Man sollte unbedingt einen der hausgemachten Obstbrände probieren! Auch Gästezimmer sind vorhanden.

> Braugasse 2, 96132 Schlüsselfeld-
> Elsendorf, Tel. 09552/310
> www.landgasthof-sternbraeu.de

POMMERSFELDEN

15 GASTWIRTSCHAFT HOPF

Das Restaurant Hopf ist eine Traditionsgastwirtschaft, die bereits in fünfter Generation geführt wird. Die Speisekarte hat einiges zu bieten: Wild aus eigener Jagd, Forellen, Bratwürste, Saisonales wie Pfifferlinge und Kalbsbraten. Auch im Außenbereich sitzt man sehr schön, hier ist Platz für über 200 Gäste.

> Stolzenroth 20, 96178 Pommersfelden,
> Tel. 09548/286
> www.gastwirtschaft-hopf.de

Biergärten & Ausflugslokale

STEGAURACH

16 LANDGASTHOF WINDFELDER AM SEE

Fränkische Küche in gepflegtem Ambiente serviert dieser Landgasthof mit angeschlossenem schönen Hotel. Ob Karpfen, Lamm oder Wild – in den herrlich idyllischen Gärten oder in den weitläufigen traditionsreichen Räumlichkeiten können sich Besucher einmal so richtig verwöhnen lassen.

> *Hartlandener Str. 13, 96135 Stegaurach,*
> *Tel. 0951/9922750*
> *www.windfelderamsee.de*

FORCHHEIM

17 SCHLÖSSLA KELLER

Der älteste Keller auf dem Forchheimer Kellerberg ist ein beliebter Treffpunkt. Obwohl es über 500 Plätze gibt, ist es manchmal gar nicht so einfach, einen der Tische zu ergattern. Das Speisenangebot reicht vom selbst gemachten Obatzten bis zur Currywurst. Bei schlechtem Wetter bleibt der Schlössla Keller allerdings geschlossen.

> *Auf den Kellern 13, 91301 Forchheim,*
> *Tel. 0172/8440343*
> *www.schloessla-keller.de*

MARLOFFSTEIN

18 ATZELSBERGER

Hungrige Ausflügler lieben diesen idyllisch gelegenen Biergarten unter alten Nussbäumen. Spielmöglichkeiten für Kinder erstrecken sich vom hauseigenen Spielplatz bis hin zum nah gelegenen Mischwald mit romantisch gelegenen Quellen.

> *Atzelsberg 4, 91080 Marloffstein,*
> *Tel. 09131/27361*
> *www.atzelsberger.de*

ERLANGEN

19 UNICUM

In dem großen, baumbewachsenen Biergarten werden im Sommer neben kühler Getränken auch zünftige Gerichte gereicht. Im stilvoll eingerichteten Bistrorant kommen abwechslungsreiche mediterrane sowie internationale Speisen auf den Tisch.

> *Carl-Thiersch-Str. 9, 91052 Erlangen,*
> *Tel. 09131/503480*
> *www.unicum-erlangen.de*

FÜRTH

20 GASTHAUS WILHELMSHÖHE

Hat man erst einmal den Weg zur Wilhelmshöhe hinter sich gebracht, wird man mit der Möglichkeit belohnt, sich in einem schönen Biergarten niederzulassen – das Gasthaus Wilhelmshöhe eignet sich optimal als erholsamer Zwischenstopp! Serviert wird fränkische Küche zu fairen Preisen.

> *Wilhelmstr. 21, 90766 Fürth,*
> *Tel. 0911/732962*
> *www.gasthauswilhelmshoehe.de*

NÜRNBERG

21 BURGWÄCHTER

Am Fuß der Nürnberger Kaiserburg liegt dieser beliebte Biergarten. An rustikalen Eichentischen, die insgesamt rund 120 Plätze bieten, kann man sich bei einem deftigen Brotzeitteller und einer kühlen Maß Bier wunderbar entspannen. Es ist auch ein toller Kletterfelsen für Kinder vorhanden.

> *Am Oelberg 10, 90403 Nürnberg,*
> *Tel. 0911/222126*
> *www.restaurant-burgwaechter.de*

Zu Fuß durch enge Gassen und über breite Plätze:
Themenbezogene Touren durch Stadt und Natur
bieten reizvolle Entdeckungen.

■ WÜRZBURG ■

1 **STADTFÜHRUNG DURCH DAS**
BAROCKE WÜRZBURG

Vom Falkenhaus am Markt spazieren
große und kleine Liebhaber des Barock am
ehemaligen Wohnhaus des berühmten
Barockbaumeisters Balthasar Neumann
in der Franziskanergasse 2 vorbei bis zur
herrlichen Würzburger Residenz. Und wer
könnte diese Tour kompetenter und char-
manter leiten als Neumann selbst – oder
aber die Wirtin des Gasthauses zum Falken (alias Guides der Würzburger Nacht-
wächter GmbH in historischen Kostümen)?
Kurzweilig und fröhlich informieren sie
„aus erster Hand" über Wissenswertes
zur Stadtgeschichte

> *Würzburger Nachtwächter GmbH,*
Winterleitenweg 32, 97082 Würzburg,
Tel. 0931/409356
> *www.wuerzburg.de*
> *Treffpunkt: Falkenhaus am Markt;*
Dauer: 90 Min.

■ BAD MERGENTHEIM ■

2 **AUF ZWEI RÄDERN RUND UM DIE STADT**

Ein ganz besonderes Erlebnis ist eine Fahrt
mit dem Segway: Tour-Teilnehmer (Min-
destalter 15 Jahre; Mofa- oder Kfz-Führer-
schein erforderlich) genießen die herrliche
Natur rund um Bad Mergentheim nach
kurzer Einweisung in die Handhabung von
ihrem zweirädrigen Gefährt aus. Kurpark,
Taubertal-Radweg und Markelsheimer
Weinlehrpfad sowie Wildpark heißen die
Stationen, die angesteuert werden. Un-

terwegs bieten sich immer wieder wunder-
volle Ausblicke – und natürlich ist auch die
Art der Fortbewegung eine Attraktion für
sich. Helme werden gestellt.

> *SEGTRAIL Herzog & Schwarz GbR, Kraut-*
äcker 3, 97892 Kreuzwertheim-Wiebelbach,
Tel. 09342/93467290
> *www.segtrail.de*
> *Treffpunkt: Schloss Bad Mergentheim;*
Dauer: 90 Min. bis 2 Std.

■ ROTHENBURG O. D. TAUBER ■

3 **GEISTERFÜHRUNG ANNO 1399**

Unheimlich spannend: Unter der Leitung
eines „Henkers" können Interessierte die
gruselig-abergläubische Seite der Stadt
kennenlernen. Verwunschene Orte wie
der Folterkeller und die Teufelskanzel
stehen auf dem Besichtigungsprogramm,
und nebenbei wird Wissenswertes von
Teufelswerk, Hexenzauber, Justiz- und

Stadtführungen & Themeneouren

Heilwesen berichtet – historisch fundiert selbstverständlich. Wohl dem, der ein schützendes Amulett oder einen Heiltrank sein Eigen nennen kann!

> *Georg Lehle, 91541 Rothenburg o. d. Tauber, Tel. 0176/38911506*
> *http://faszination-rothenburg.de*
> *Treffpunkt: Marktplatz; Dauer: 1 Std.*

■ VOLKACH ■

4 MIT DEM GESCHICHTSWÄGELE ON TOUR

Das am Scheitelpunkt der Mainschleife gelegene Volkach mit seinem mittelalterlichen Stadtkern ist einen Bummel wert: Mit einem hölzernen Bollerwagen, dem Geschichtswägele, geht es unter der Leitung einer Gästeführerin vom Rathaus mit dem hübschen Verkünd-Erker aus durch die Straßen und Gässchen der Stadt. Erst nach und nach wird enthüllt, was das Wägelchen geladen und zu erzählen hat.

> *Touristinformation Volkacher Mainschleife, Rathaus, 97332 Volkach, Tel. 09381/40112*
> *www.volkach.de*
> *Treffpunkt: Rathaus; Dauer: 90 Min.*

■ MICHELAU ■

5 WANDERUNG IM SPITALGRUND

An jedem ersten Samstag im Monat wandert Erich Rößner zusammen mit Interessierten durch den Spitalgrund bei Prüßberg. Die Tour, die die Tier- und Pflanzenwelt sowie die Kulturgüter der Gegend zum Thema hat, ist besonders in der wärmeren Jahreszeit wunderschön, wenn die Natur am Wegesrand erwacht oder schon in voller Blüte steht.

> *BUND Naturschutz (BN) Schweinfurt, Fischerrain 63, 97421 Schweinfurt, Tel. 09721/185353*

> *www.pro-nationalpark-steigerwald.de*
> *Treffpunkt: Feuerwehrhaus in Prüßberg (Gemeinde Michelau); Dauer: 2-3 Std.*

■ BAD WINDSHEIM ■

6 DAS ARCHÄOLOGISCHE FENSTER

Die Altstadt mit ihren idyllischen Gässchen und Plätzen, den Fachwerkhäusern sowie anderen Gebäuden aus verschiedenen Epochen lässt sich am besten im Rahmen einer geführten Tour besichtigen. Das Highlight (und nur als Teil der Führung zugänglich) ist das „Archäologische Fenster zur Stadtgeschichte": Im Jahr 2000 wurden bei der Neugestaltung des Marktplatzes mittelalterliche Brunnen und Keller gefunden, ebenso Gräber aus dem 8. Jahrhundert.

> *Kur-, Kongress- und Touristik-GmbH, Erkenbrechtallee 2, 91438 Bad Windsheim, Tel. 09841/4020*
> *www.bad-windsheim.de*
> *Treffpunkt: Marktplatz vor dem Rathausdurchgang; Dauer: 75 Min.*

■ ANSBACH ■

7 BRATWURSTFÜHRUNG

Hier wird es kulinarisch: Eine ganze Stadtführung ist der Ansbacher Bratwurst gewidmet. Zunächst wird den Angestellten einer fränkischen Traditionsmetzgerei über die Schulter geschaut, dann erfährt man bei einem Rundgang durch die Altstadt Interessantes über die Wirtshäuser. Natürlich gibt es anschließend Bratwurst!

> *Amt für Kultur und Touristik, Johann-Sebastian-Bach-Platz 1, 91522 Ansbach, Tel. 0981/51243*
> *www.ansbach.de*
> *Treffpunkt: Carl-Wilhelm-Friedrich-Brunnen; Dauer: 2 Std.*

■ VESTENBERGSGREUTH ■

8 DURCH DEN KRÄUTERGARTEN

Wer mag, kann die Welt der Kräuter auf eigene Faust kennenlernen. Doch Anekdoten, Wissenswertes, Überraschendes und fast Vergessenes geben die Greuther Kräuterführerinnen zum Besten, wenn sie Besucher auf einstündigen Rundgängen durch den Kräutergarten führen. Wer weiß heutzutage schon noch, wozu Enzian verwendet wird und bei welchen Beschwerden die Mariendistel oder der Pestwurz für Linderung sorgen kann?

> *Kräutergarten Martin Bauer, Dutendorfer Str. 5-7, 91487 Vestenbergsgreuth, Tel. 09163/88950*
> *www.kraeutergarten-martin-bauer.de*
> *Treffpunkt: am Kräutergarten; Dauer: 1 Std.*

■ BAMBERG ■

9 BIER – DAS BAMBERGER HERZBLUT

Bamberg ist ohne sein „flüssiges Brot" kaum denkbar, hat doch das Bier einen großen Anteil an der Stadtgeschichte. Bei dieser Führung begeben sich die Teilnehmer auf die historischen Spuren des Brauwesens, erfahren von dessen Anfängen in Klosterkreisen, vom Handel mit dem Hopfen genauso wie von der Braukunst vor Ort. Ganz nebenbei besichtigt man bedeutende Sehenswürdigkeiten Bambergs. Den Ausklang bildet dann eine kommentierte Bierprobe.

> *Touristeninformation, Geyerswörthstr. 5, 96047 Bamberg, Tel. 0951/2976200*
> *www.bamberg.info*
> *Treffpunkt: Touristeninformation; Dauer: 90 Min.*

10 FASZINATION WELTKULTURERBE

Die UNESCO hat Bambergs Altstadt 1993 als größten unversehrt gebliebenen historischen Stadtkern in ihre Liste der Weltkulturerbestätten aufgenommen. Die herrlichen Baudenkmäler und bedeutenden Kunstwerke, die sich hier finden, bestaunen Besucher im Rahmen dieser täglich stattfindenden Thementour unter der Leitung fachkundiger Stadtführer.

> *Touristeninformation, Geyerswörthstr. 5, 96047 Bamberg, Tel. 0951/2976200*
> *www.bamberg.info*
> *Treffpunkt: Touristeninformation; Dauer: 2 Std.*

■ FORCHHEIM ■

11 FORCHHEIMER UNTERWELT

Verteidigungstechnik und Festungsbau: Bei dieser Tour wird die wehrhafte Vergangenheit Forchheims lebendig und anschaulich erläutert. Stationen der Besichtigung sind u. a. der Saltorturm, die Valentinibastion und das Wasserschloss sowie als Höhepunkt das Erlebnismuseum „Rote Mauer".

> *Touristeninformation, Rathaus, Hauptstr. 24, 91301 Forchheim, Tel. 09191/714337*
> *www.forchheim.de*
> *Treffpunkt: Rathaus; Dauer: 2 Std.*

Stadtführungen & Themetouren

ERLANGEN

12 FLANIEREN & PROBIEREN

Allerhand wissenswerte Informationen über das hübsche Erlangen lassen sich leicht verdauen, wenn sie zusammen mit ortstypischen Köstlichkeiten präsentiert werden, die natürlich immer auch probiert werden dürfen. Tourteilnehmer erkunden das Sortiment ausgewählter Geschäfte für Kulinarisches in der nördlichen Innenstadt, und das nicht nur theoretisch, sondern auch ganz praktisch. Genau das Richtige für Schleckermäuler!

> Erlanger Tourismus- und Marketing-Verein, Rathausplatz 3, 91052 Erlangen, Tel. 09131/89510
> www.erlangen-marketing.de
> Treffpunkt: Fuchsengarten, gegenüber der Einfahrt zum Altstadtmarktparkplatz; Dauer: 2,5-3 Std.

FÜRTH

13 REINE WAHRHEIT ODER LÜGE?

Da sind ein gewisses Misstrauen und gesunder Menschenverstand gefragt: Der Gästeführer bei dieser Tour hat es nämlich faustdick hinter den Ohren! Er gibt spannende Geschichten und witzige Anekdoten zur Stadt zum Besten, aber hin und wieder flunkert er auch. Dennoch ist nicht alles, was unglaublich klingt, ein Hirngespinst! Jeder Teilnehmer entscheidet, ob er eine Information für wahr oder gelogen hält, indem er mit dem entsprechenden Kärtchen winkt. Selbstverständlich werden alle Flunkereien vor Ort noch aufgeklärt – kein Gast verlässt die Stadt mit Falschinformationen. Die schlausten Ratefüchse erhalten eine Belohnung.

> Touristeninformation Fürth, Bahnhofsplatz 2, 90762 Fürth, Tel. 0911/2395870
> www.fuerth.de
> Treffpunkt: vor dem Kulturforum, Würzburger Str. 2; Dauer: 90 Min.

NÜRNBERG

14 UNTERWEGS MIT DER NÜRNBERGER NACHTWÄCHTERIN

Dr. Ute Jäger, die promovierte „Nachtwächterin," veranstaltet verschiedene Thementouren durch Nürnberg. Wie wäre es beispielsweise mit der Führung „Henker & Co.", bei der man erfährt, wie Mörder, Groß- und Kleinkriminelle einst gerichtet wurden? Bei „Ehweib, Fräulein oder Flittchen" hingegen berichtet sie vom Werben des Kaisers Maximilian um Maria von Burgund und hat auch allerhand von Dirnen, liebestollen Männern und streitsüchtigen Weibern zu erzählen.

> Dr. Ute Jäger, Marktplatz 6, 91781 Weißenburg, Tel. 09141/997207
> www.nachtwaechterin.de
> Treffpunkt: Nürnberger Hauptmarkt, am Schönen Brunnen; Dauer: 90 Min.

SCHWABACH

15 KELLERLABYRINTH AM PINZENBERG

Es ist ratsam, sich warm genug anzuziehen, wenn es in die sanierten Keller hinabgeht, die den Pinzenberg durchlöchern, denn 5 bis 10 m unter der Erde ist es merklich kühler als an der Oberfläche. Kein Wunder, dass die Kavernen früher als Lager- und Gärräume für Bier genutzt wurden!

> Tourismusbüro der Stadt Schwabach, Königsplatz 1, 91126 Schwabach, Tel. 09122/860241
> www.schwabach.de
> Treffpunkt: Pinzenberg 3, Kneipe „Kabuff"; Dauer: 2 Std.

Auf zwei Rädern Nürnberg, Würzburg und den Steigerwald erkunden und Überraschendes am Wegesrand erleben: Wir stellen neun reizvolle Touren vor.

TOUR 2

BIEBEREHREN – SONDERHOFEN – OCHSENFURT
Länge: 28 km
Dauer: 2,5 Stunden
Der Beginn der Tour verläuft recht steil, ansonsten geht es aber meist über eine ebene Strecke.

TOUR 3

OCHSENFURT – GELCHSHEIM – HOPFERSTADT – OCHSENFURT
LÄNGE: 30 km
DAUER: 3 Stunden
Auf dem Gaubahn-Radweg fährt man bis Gelchsheim stetig bergauf, danach geht's über hügeliges, oft schattenloses Gelände.

TOUR 4

KITZINGEN – KALTENSONDHEIM – OCHSENFURT – KITZINGEN
LÄNGE: 35 km
DAUER: 3 Stunden
Die Tour führt über den Main-Radweg sowie größtenteils über autofreie Wege, auf denen man herrliche Fernsichten genießen kann.

TOUR 1

LAUDA-KÖNIGSHOFEN – BAD MERGENTHEIM – BIEBEREHREN
LÄNGE: 36 km
DAUER: 3,5 Stunden
Diese überwiegend asphaltierte und nicht allzu lange Strecke ist für einen Familienausflug mit Kindern besonders gut geeignet.

TOUR 5

IPHOFEN – KITZINGEN – MÖNCHSONDHEIM – IPHOFEN
LÄNGE: 35 km
DAUER: 3,5 Stunden
Eine relativ einfache Tour mit mehreren sehenswerten Orten zwischen Steigerwald und Main.

Fahrradtouren

■ TOUR 6 ■

VOLKACH – KITZINGEN – MARKTBREIT – OCHSENFURT – WÜRZBURG

LÄNGE: 56 km
DAUER: 5 Stunden

Bis auf den kurzen Anstieg vor Frickenhausen verläuft die Fahrt auf dem Main-Radweg ohne nennenswerte Steigungen.

■ TOUR 7 ■

WÜRZBURG – GÜNTERSLEBEN – RIMPAR – WÜRZBURG

LÄNGE: 30 km
DAUER: 3 Stunden

Zu Beginn der Tour müssen einige Steigungen überwunden werden, dafür geht es ab Rimpar aber fast nur noch bergab.

■ TOUR 8 ■

VOLKACH – PRICHSENSTADT – WIESENTHEID – VOLKACH

LÄNGE: 44 km
DAUER: 4 Stunden

Die leicht hügelige Tour durch Wald und Flur und an den Weinbergen der Mainschleife entlang bietet tolle Fernblicke.

■ TOUR 9 ■

FORCHHEIM – GUNZENDORF – BUTTENHEIM – FOCHHEIM

LÄNGE: 25 km
DAUER: 2,5 Stunden

Die nicht allzu anstrengende Tour führt zu großen Teilen am Main-Donau-Kanal entlang.

Impressum

> BILDNACHWEIS

Titelbilder: Thomas Bichler (Radler), Fotolia/by-studio, Studio Lang, Ostfildern und iStockphoto/david franklin (Hinterleger)
Aufmacherfoto: DuMont Bildarchiv/R. Kiedrowski, N. Koshofer, U. Schwarz
Fotos Inhaltsverzeichnis: S. 6 l. Fotolia/scerpica, r. Fotolia/Niceshot; S. 7 l. Georg Lehle, r. Studio Lang, Ostfildern
Fotos Ausflugs-Tipps (Heft und Karte): aqua-sole Kitzingen Nr. 20; Bade- und Freizeitzentrum Geomaris Nr. 26; Bildagentur Huber Nr. 3; Botanischer Garten Universität Würzburg Nr. 9; Wolfgang Bytomski Nr. 2; Congress-Tourismus-Wirtschaft Würzburg, Fotograf: A. Bestle Nr. 4, 8; Deutsches Fastnachtmuseum Nr. 19; Deutsches Weihnachtsmuseum Nr. 32; DuMont Bildarchiv/R. Kiedriowski Nr. 13, 14; DuMont Bildarchiv/U. Teschner Nr. 58; Erlebnispark Schloss Thurn Nr. 48; Evangelisches Pfarramt Creglingen/DuMont Bildarchiv Nr. 15; Foto Heckel, Bad Windsheim Nr. 37; fotolevel/Andi Schmid Nr. 10; Freizeitland Geiselwind Nr. 24; Fuhrwerk Kutschfahrten, Susanne Körner Nr. 64; Gemeinde Marktbergel Nr. 34; Gemeinde Markt Nordheim Nr. 38; Linda Hannwacker Nr. 18; ©Happy Ballooning Rothenburg ob der Tauber, G. Reifferscheid Nr. 29; Markus Hauck (POW)

Nr. 6; Herzo Bäder & Verkehrs GmbH Nr. 53; Hochseilgarten Bad Windsheim Nr. 36; iStockphoto/Deejpilot Nr. 27; iStockphoto/Maciej Noskowski Nr. 65; Kreativbüro Frank Schneider Nr. 52; Michael Leyh, Rothenburg Nr. 33; Uwe Mühlhäußer, Nürnberg Nr. 59; Museen der Stadt Nürnberg/Christine Dierenbach Nr. 56; PLAYMOBIL/geobra Brandstätter GmbH & Co. KG Nr. 63; ProAlpin Kletterwald Nr. 47; Solymar Therme Nr. 11; Stadt Nürnberg, Erfahrungsfeld Nr. 60; Stadt Prichsenstadt/Fehd Nr. 25; Tucherland Nr. 61; Walderlebniszentrum Tennenlohe/R. Brem Nr. 51; Waterwalker© Nr. 28; alle übrigen Fotos W. Kern
Fotos Hofläden & Direktvermarkter: S. 52 Fotolia/carballo; S. 54 Till Scholl; S. 55 Fotolia/scerpica
Fotos Biergärten und Ausflugslokale: S. 56 Polylooks; S. 57 Fotolia/Berry Sheqerolli; S. 58 Fotolia/Niceshot
Fotos Stadtführungen & Thementouren: S. 60 Segtrail Herzog und Schwarz GbR; S. 62 Bamberg Tourismus & Kongress Service
Fotos Fahrradtouren: Studio Lang, Ostfildern
Foto Impressum: iStockphoto/Chris Gramly
Fotos Feste & Events: o. Fotolia/by-studio und Studio Lang, Ostfildern; u. Jens Hackmann

> IMPRESSUM

Marco Polo Erlebnisführer Raus & Los
© MAIRDUMONT GmbH & Co. KG, Ostfildern
1. Auflage 2015
Redaktion und Projektleitung: MAIRDUMONT GmbH & Co. KG, Radegunde Schenk-Kern, Marco-Polo-Zentrum, D-73760 Ostfildern, Tel. 0711/4502-267, Fax 0711/4502-343, E-Mail: r.schenk-kern@mairdumont.com, www.mairdumont.com
Redaktionelle Überarbeitung: Julia Wilhelm, Annegret Gellweiler, red.sign GbR, Stuttgart; Radegunde Schenk-Kern, MAIRDUMONT GmbH & Co. KG, Ostfildern
Bildredaktion: Anja Schlatterer, red.sign GbR, Stuttgart
Restaurantdaten: Redaktion Varta-Führer, Ostfildern
Kartografie: MAIRDUMONT GmbH & Co. KG, Ostfildern
Layout: red.sign, Stuttgart; Studio Lang, Ostfildern
Anzeigenvermarktung: MAIRDUMONT MEDIA, Ostfildern, Tel. 0711/4502-333, Fax 0711/4502-1012, E-Mail: media@mairdumont.com www.media.mairdumont.com

Die Angaben in diesem Freizeitführer, insbesondere die Anschriften und Öffnungszeiten, wurden sorgfältig geprüft. Für die Richtigkeit der Angaben kann trotzdem keine dauerhafte Gewähr übernommen werden.
Die in dieser Broschüre vorgestellten Radtouren basieren auf Vorgaben der Kompass-Radwanderführer.
Das Werk einschließlich aller seiner Teile ist urheberrechtlich geschützt. Jede urheberrechtsrelevante Verwertung ist ohne Zustimmung des Verlages unzulässig und strafbar. Das gilt insbesondere für Vervielfältigungen, Übersetzungen, Nachahmungen, Mikroverfilmungen und die Einspeicherung und Verarbeitung in elektronischen Systemen.

MIX
Papier aus verantwortungsvollen Quellen
FSC
www.fsc.org
FSC® C011712

Printed in Germany

Feste & Events

*Traditionsreiche Feste und regionale Events
laden zum Mitfeiern ein.*

DTM AM NORISRING

NÜRNBERG
MAI / JUNI

Stunt-Shows, Musik, Fahrten in Renntaxis, Boxen-Crews und natürlich das Rennen selbst – am DTM-Wochenende herrscht am Norisring jede Menge Trubel.

BERGKIRCHWEIH

ERLANGEN
MAI / JUNI

Dieses zwölftägige Fest am Burgberg gehört zu den größten Festen in ganz Bayern – mit etwa 1 Mio. Besuchern jährlich!

KILIANI-VOLKSFEST

WÜRZBURG
JULI

Das Volksfest findet jährlich im Würzburger Stadtteil Zellerau statt. Eröffnet und beendet wird es jeweils mit einem großen Feuerwerk.

KURPARKFEST

BAD MERGENTHEIM
JULI

Wie magisch: Am dritten Juli-Samstag erstrahlt der Kurpark im Glanz Tausender bunter Lichter. Besucher genießen das Musikprogramm und diverse Leckereien.

ANNAFEST

FORCHHEIM
JULI / AUGUST

Rund um den Namenstag der hl. Anna (26. Juli) steigt das Annafest in Forchheim, eines der schönsten Volksfeste Frankens. Mit dabei: das Annafestbier.

WEINDORF

ROTHENBURG O. D. TAUBER
AUGUST

Zu den Höhepunkten in Rothenburg gehört das Weindorf, wenn Gastronomen Stände auf dem Grünen Markt aufbauen und ein tolles Bühnenprogramm geboten wird.

SANDKERWA

BAMBERG
AUGUST

Fünf Tage lang steht die Bamberger Altstadt kopf, wenn Sandkerwa gefeiert wird. Der Höhepunkt ist das Fischerstechen.

CHRISTKINDLESMARKT

NÜRNBERG
NOVEMBER / DEZEMBER

Den bekanntesten Weihnachtsmarkt der Welt besuchen jährlich 2 Mio. Menschen – und werden bei all dem Lichterglanz für eine Weile wieder zu staunenden Kindern.